顔の老化は
咀《そ》嚼《しゃく》で止められる

歯科衛生士・表情筋トレーナー
内田佳代

草思社

はじめに

世の中には、アンチエイジングのための美容法はたくさんあります。中でも顔のトレーニングはちょっとしたブームで、さまざまなネット記事や本が出されています。でも、実際にはきちんとした解剖学の見地から書かれたものは少なく、医学的に見ると、少し違うのではないか？　という疑問が湧くものも数多く見られます。そこで、医学的にも信頼できる、安全な顔の老化予防の方法についてお伝えしたいと思い、生まれたのが本書です。

私は学校を卒業後、ずっと歯科衛生士として歯科医院で働いてきました。そんな私が顔のエクササイズを伝えるようになったきっかけは、当時勤めていた歯科医院に患者として通っていた、「口呼吸を治したい」という高校生のKさんを指導したことでした。

歯科には、主に矯正歯科で行われる、口呼吸や舌で歯を押してしまう口の悪習癖を治すトレーニング方法（MFT）があります。

その方法で、Kさんにトレーニングを続けてもらうと、口呼吸の癖が改善しただけにとどまらず、顔まわりがスッキリ引き締まるなどの見た目の大きな変化があったのです。

娘さんの顔の変化に気づいたKさんのお母さんから、「私も顔を引き締めたいので、レクチャーしてくれませんか？」との申し出があり、そこから子どもだけでなく、大人向けにもエクササイズを改良・改善しながら、伝えていく活動が本格化していきました。

患者さんからはほかにも、

・口が渇くようになった
・お茶を飲むとよくむせる
・滑舌の悪さをどうにかしたい

など、歯の悩みにとどまらず、日々色々な相談をもちかけられることもあり、気がついたら、多くの方の顔や口まわりのお悩みの解消、笑顔づくりなどのお手伝いをさせてもらうようになっていたのです。

スタートは、歯科医院の診療の合間から始まりましたが、今ではそこから発展し、個人レッスンをはじめ、接客業の方や営業マンの方向けに企業などでの講演もさせていただいています。そして、雑誌や新聞、テレビで顔の筋肉エクササイズを紹介したり、ミスユニバースの地方大会のセミナーの一部を担当する機会にも恵まれました。

個人レッスンを受けた方の中には、企業などの採用試験に向け、「緊張してしまうと顔がこわばってしまうので、やわらかい笑顔で面接に挑みたい」という方や、「怒っていないのに、いつも不機嫌だと思われてしまう。部下に怖がられるので、どうにか解消したい」という方もいらっしゃいました。

こうした顔の表情を改善したい、顔をもっと引き締めてきれいになりたい、笑顔に自信を持ちたいという悩みを持つ方々にヒアリングをしていくうちに、多くの方が「しっかりとよく噛んで食べていない」ということがわかってきました。

そこで、顔の筋肉のエクササイズを行うことよりも先に、まずは日々の食事に目を向け、しっかり噛むことを優先するように指導することにしたのです。

それだけ食事のときにしっかりと噛むことが、顔の筋肉にとって重要だからです。

たとえ毎日顔のエクササイズを頑張って行ったとしても、流し込むように食事をし、あまり人と会話をしない、顔の表情を動かさないのでは、意味がないのではないかと思っています。極端なことを言えば、1日3度の食事の際にしっかりと咀嚼《そしゃく》をし、人と適度に会話をしていたら、顔の筋肉は十分動かせるはずで、わざわざ顔のエクササイズを行う必要はないとさえ思っています。

最後になりましたが、この本に書いてあることのすべてを実践する必要はありません。まずは普段の生活の中で顔を動かすことを意識してみてください。そして、無理なくご自身で続けられる方法を見つけてください。たったひとつの行動を変えるだけでもかまいません。

継続は力なり。

日々の積み重ねが未来のあなたの顔をつくります。

2023年1月

内田佳代

顔の老化は咀嚼《そしゃく》で止められる 目次

はじめに 3

1章 「なんか老けてきた……」と感じたら

老け顔の原因は顔の筋肉の衰えだった 14
顔の筋肉が衰えたら顔はどうなるか 16
顔の筋肉は短期間では鍛えられない 22
肌は「触らない」が基本、顔を「動かす」ことが重要 23
顔の老化のメカニズム 26
人に見られることで意識をする 29
表情が豊かになるだけで、人は格段に美しく見える 30
自分のなりたい表情を知ることから始めましょう 31

2章

よく噛んで食べる、毎日の食事が最強の顔筋トレーニングになる

口元を動かすと顔の筋肉の8割が動く 34
「噛む」「のみ込む」流れ 35
噛む力も噛む回数も減り続ける現代人 36
噛みごたえとは？ 38
早食いはたるみの元 40
ただしっかり噛むだけではなく、舌を動かすことがポイント 43
家で簡単につくれる、よく噛むためのレシピ 44
コンビニで探す噛みごたえのあるメニュー 51
間食なら「ガム」がおすすめ 52
食事を楽しみながらきれいになる 54

3章 しっかり噛む・声を出して歌う・積極的におしゃべりする

——毎日の生活の中で顔の筋肉は鍛えられる

毎日の生活の中で鍛えよう　56
顔の筋肉もしなやかさが重要　58
筋肉をやわらかくする大袈裟ブクブクうがい
顔をやわらかくするウォーミングアップ　62
縮んでふくらむエクササイズ
表情筋と咀嚼筋を動かす　65
噛み噛みエクササイズ
顔の筋肉、実はキーポイントは「舌」、舌の筋力アップが美への近道　67
舌の位置と口呼吸の関係　71

舌の筋力エクササイズ 73
ポッピング
舌ぐるぐるエクササイズ
ほうれい線グイ出しエクササイズ
話すとき、歌うときには、顔もしっかり動かすことを意識 79
ハッキリ読みエクササイズ

4章 笑顔エクササイズでより表情豊かに、美しくなる

笑顔に自信が持てない理由 84
笑顔をつくると楽しい気分になる 86
きれいな笑顔の形チェックリスト 87
エクササイズをする前に 92

笑顔づくりのためのエクササイズ　96
リフトアップエクササイズ
空気プクプクエクササイズ
ウィンクエクササイズ
イースマイルエクササイズ
2種類の「イ」エクササイズ
きれいな表情の見せ方　105

5章 「老け感」が気になる部分別、鍛え方

頬のたるみ、ほうれい線やマリオネットラインが気になる　110
目元、目のまわりのたるみが気になる　110
ビックリ目エクササイズ
二重あご、フェイスラインのもたつき、首のシワが気になる　112
首を伸ばしてほうれい線グイ出しエクササイズ

口角の下がりが気になる 114
顔のこわばり（表情のこわばり）が気になる 114

6章 日々の積み重ねが、未来のあなたの顔をつくる

継続すること・鏡を見る必要性 116
顔だけにとらわれず全身を考えること 118
大人になってからの歯の矯正もアリ 119

本書の最後に 121

1章

「なんか老けてきた……」と感じたら

老け顔の原因は顔の筋肉の衰えだった

☑鏡を見たときに、頬のたるみが気になる
☑写真を撮ったあと見てみると自分が想像していた表情より笑っていない
☑オンラインミーティングで、画面に映った自分の表情がない
☑顔のこわばりを感じる
☑昔よりも滑舌が悪くなってきた

こんな経験はありませんか？　もしかすると、それは顔の筋肉の衰えが原因かもしれません。日常生活の中で何も意識せずに暮らしていると、顔の筋肉は全体の20パーセントほどしか使われていないと言われています。筋肉というのは使わないとどんどん衰えます。お腹まわりの筋肉も、運動やストレッチなど何もしないとゆるんでいきますよね？　顔の筋肉も同じです。

筋肉の衰えのスピードは、加齢とともに加速していきます。とくに今はマスク生活

の影響もあり、つい油断して口元に締まりがなくなって、だらしなくなりがちです。ふと鏡に映った自分の顔を見て、「あれ？　顔が下がっているかも」と感じたら要注意です。

人間の体は、顔に限らず、加齢に伴い骨格筋量は徐々に減少し、筋力も低下していきます。これらの変化は、30歳を過ぎたころからゆるやかに始まり、中高年を過ぎると顕著に現れます。

ところが、加齢に伴う筋肉の変化は、みんなに平等に起こるわけではありません。普段の生活においてどれだけ筋肉を動かしているか、によって変わってくるのです。

つまり、普段の生活の中で、どれだけ意識して筋肉を使うことができているか。あるいは、意識せずとも筋肉を使う生活をしているかどうかで、衰えの度合いを変化させることができるのです。さらに言えば、顔の老化は、体の病気と同じで「予防」が大変重要です。

では、どうしたらいいかと言えば、まずは人間の顔の老化のメカニズムと顔の筋肉の仕組みをしっかりと理解することです。そうすることで氾濫する美容情報に振り回されなくなります。その上で自分としっかり向き合い、本書でこれから紹介する顔の老化予防の具体的な方法を実践していただきたいと思います。

普段の生活の中でできることから少しずつ実践し、無理なく続けていくことがポイントです。何より美しさは「習慣」でつくられるものだからです。

顔の筋肉が衰えたら顔はどうなるか

それでは早速、顔にある筋肉について見ていきましょう。

私たちの顔および頭部には、大きく分けて「表情筋」「咀嚼《そしゃく》筋」「舌の筋肉」の3種類の筋肉があります（解剖学的には舌の筋肉は、頸部《けいぶ》に分類されます）。

それぞれの筋肉の役割は、簡単にまとめると次の通りです。

表情筋：表情をつくるときに使う
咀嚼筋：噛むときに使う
舌の筋肉：のみ込むときに使う

顔の筋肉

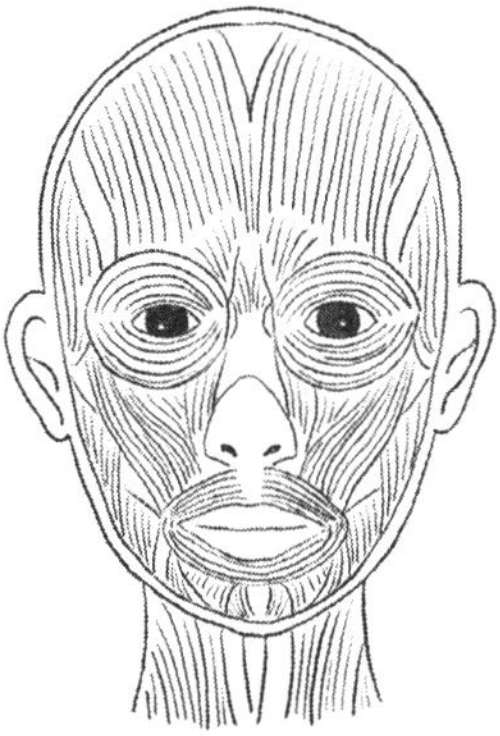

3つの顔の筋肉はいずれも体幹部の筋肉と同じ骨格筋でできています。次に3つの筋肉の特徴や働きについて見ていきましょう。

表情筋

表情筋はほかの筋肉と大きく異なる特徴を持っています。通常筋肉は、骨から骨につながっているのですが、表情筋は筋肉の一端または、両端が皮膚の中で終わるような形態をしています。表情筋は解剖学的に「皮筋」にも分類されるように、薄く細かい筋肉群から成っています。

ただし、一口に表情筋といっても、実に約30種類もあり、その名の通り、表情

表情筋

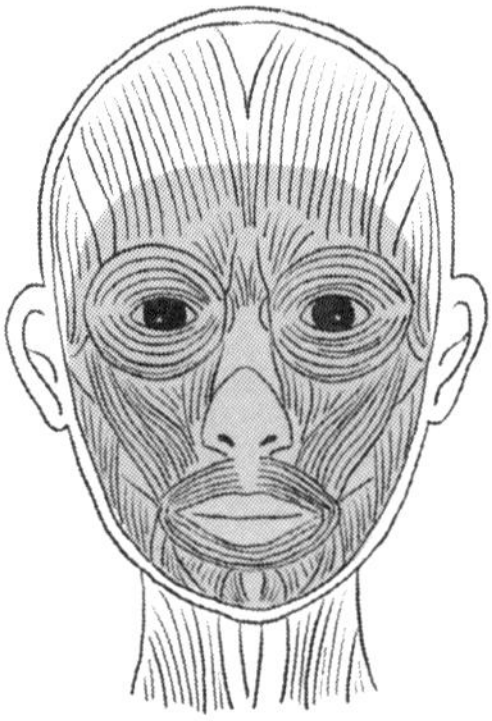

表情筋は薄く細かい筋肉群で構成されている

をつくるときに動く筋肉です。また、咀嚼筋が動くと表情筋も一緒に動きます。

この表情筋が衰えるとどうなるかと言えば、まず口角が下がる・目元がたるむなど見た目に大きな問題が出てきます。また、筋肉の動きも悪くなり表情が乏しく無表情に見え、のっぺりとした印象を与えます。

咀嚼筋

咀嚼筋は、その名の通り咀嚼時に使う筋肉です。

では、自分の顔で咀嚼筋の場所を確認してみましょう。

咀嚼筋

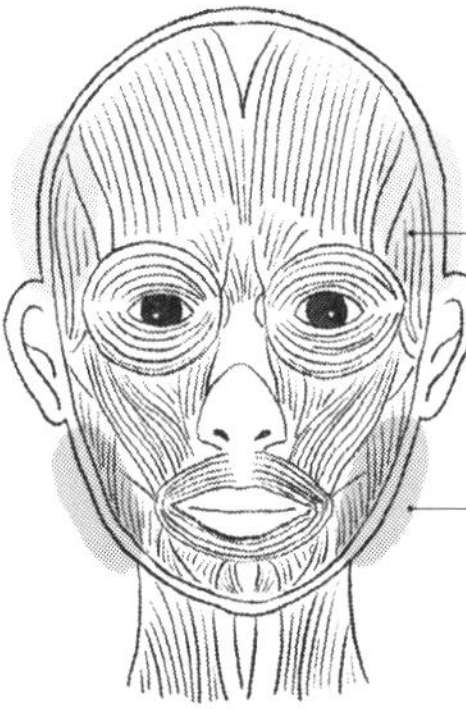

グッと強く噛んだときにピクピク動くのが
咀嚼筋（側頭筋と咬筋）

こめかみに手を当て、軽く歯をカチカチと噛んでみてください。筋肉が動くのがわかりますか？　次に、強くグッと噛んでみてください。先ほどとは違い、こめかみの筋肉がより大きく硬くなるのがわかりますか？　これは咀嚼筋のひとつである「側頭筋」です。しっかり噛むことで、実は、目のまわりの筋肉も一緒に動いているのです。

今度は、耳の前の頬に手のひらを当て、先ほどと同じように軽くカチカチ噛んでみましょう。筋肉が動くのがわかりますか？　次は、強めに噛んでみてください。側頭筋よりもっと盛り上がり、硬くなるのがわかるかと思います。これが「咬《こう》筋《きん》」です。顔の筋肉の中でもとくに色々な筋肉に影響を及ぼすのが、咬筋です。咬筋がしっかり動くことで、表情筋も一緒に動いていきます。

食べるときにあまり噛まない人は、咀嚼筋が顕著に衰えていきます。側頭筋が衰えてしまうと、目のまわりの筋肉が下に下がってくることになりますので、目元のたるみにつながります。また、咬筋が衰えると頬まわりの筋肉が下がってくるので、頬のたるみとほうれい線がより深く刻まれるようになります。それによって一気に老けた印象の顔になってしまうのです。

咀嚼筋の衰えを防ぐには、食事の内容を見直し、食べるときによく噛む、ということが基本です。そのためにはまずは問題なく、きちんと咀嚼できる歯があるかどうかが重要になります。私は歯科衛生士という仕事柄、見た目に気を取られるあまり、「歯」をおろそかにしている人を見過ごせません。歯の具合が悪いのに治療せずに放置して、噛みやすいほうでしか噛まない「片側噛み」になっている人は案外多いのです。筋肉だけではなく、噛むときに使う道具となる、口の中の状況も適宜メンテナンスしておきましょう。そうした上で食事の内容や食べ方などを見直すのが良いと思います。

舌の筋肉

最後に、忘れてはいけないのが舌の筋肉。食べ物をのみ込むときに使う筋肉です。実は、顔の美しさ維持のためのキーポイントになるのがこの舌の筋肉で、舌の筋力アップが美への近道とも言えます。

舌の筋肉が衰えてくると、太ったわけでもないのに二重あごになったり、フェイスラインが不明瞭になり、首と顔の境目がなくなってきたりします。横顔にも締まりがなくなってきます。

機能面でもとても重要で、何かものをのみ込むときに使う筋肉です。ここが衰えてくると「お茶やお水を飲んだときにむせる」ということが少しずつ増えていき、うまくゴックンができなくなります。みなさんも「のどの老化」を感じることはありませんか？　のどが老化すると嚥下《えんげ》障害になりやすく、誤嚥《ごえん》性肺炎を引き起こす原因にもなります。高齢になるとますます大事になってくるのが舌の筋肉なのです。

このように舌の筋肉が老化してくると、見た目においても、機能面においても、大きな影響を及ぼします。舌の筋力エクササイズについては73ページで詳しく紹介します。今から少しずつでもいいので気をつけていきましょう。

顔の筋肉は短期間では鍛えられない

顔の筋肉は、普段の生活の中で、しっかり動かすことが重要です。

これは体の筋肉と同じことです。毎日ダラダラと過ごし、週1回だけジムに通うより、日々の生活の中で、エスカレーターではなく階段を使ったり、お腹に力を入れて背筋を伸ばして姿勢よく立つことを意識するなど、ちょっとした心がけをしながら過ごすほうが無理なくキレイを保つことができるものです。顔の筋肉も、日々の生活の中で自然に動かしていくことが何より大切です。

そしてもうひとつ、知っておくべきことがあります。それは顔の筋肉というのは体の筋肉とは違って、短期間に集中的に鍛えても効果が出にくいという点です。

中でも表情筋は、前述したように薄い筋肉の集まりなので、効果が現れるにはかなり時間がかかります。しいて言えば、舌の筋肉（あごまわりの筋肉）は、比較的大きな筋肉なので、集中的にエクササイズすることで効率的に鍛えることはできないこともありません。

しかし、やはり基本は、顔の筋肉を鍛えるためには、毎日少しの時間でいいので、継続的に長期間動かすことが必要だということを覚えておいてください。

肌は「触らない」が基本、顔を「動かす」ことが重要

年齢を重ねるとおでこや目じりにシワが増え、肌のたるみが気になってくるものです。シワとたるみ、これこそが「老けた」印象を与える元凶と言っても過言ではありません。

シワの場合、よく動くところに発生し、動かないところには発生しにくいという原則があります。これはつまり、顔の筋肉を動かすことで細かいシワはできてしまうということです。

私はよくクライアントの方から「顔のエクササイズをするとシワにつながりませんか？」という質問を受けますが、細かいシワを予防したいのなら、顔を動かさないほ

うがいいと正直に答えています。

たしかに顔をあまり動かさないことでシワはできにくくなるかもしれません。でもそれによって咀嚼筋や舌まわりの筋肉が衰え、ほうれい線やフェイスラインのたるみなど、顔全体の大きなたるみにつながってしまい、かえって老けた印象を与えることになりかねません。これでは本末転倒です。

何ごとも「適度」ということが大切です。顔の筋肉を動かすといっても、過度な運動ではなく、基本は日常生活の中で、自然と無理なく顔をしっかり動かすことを推奨します。

人間本来の美しさというものは、全身の健康があってこそ内側から輝いてくるものです。シワがこわいからと、笑うのを控えたり、食事の際に口を動かしてしっかり嚙まなかったり、顔を極力動かさないことで、シワのないきれいな肌が続くかもしれません。でも、機能面が衰えることで、健康面に支障をきたします。

たとえば、先ほども述べましたが、舌の筋肉が衰えることで、うまくのみ込みができないなど誤嚥につながります。また、口まわりの筋肉が動くことにより唾液量が増えることがわかっていますので、「ドライマウス」など口の中の乾燥を防ぐためにも、口元をしっかり動かして積極的に唾液量を増やすことが必要です。

そしてもうひとつ、皮膚は必要以上に「触らない」という原則を守るようにしてください。不必要に皮膚を触ることでシワの原因になることが、医学的にも明らかにされています。つまり、たとえエステにたくさん通っても筋肉を鍛えることはできないので、シワ・たるみの予防は期待できないことになります。もし顔を引き締め、老化の予防をしたいのなら、エステは気休めにしかならず、自身で地道に筋肉を動かすことが結局は近道なのです。

年齢を重ねた顔・表情というのは、あなたの人生すべてを表します。

これまでどんなふうに生きてきたのか。これからどんなふうに生きていきたいのか。目先の手軽さや美しさにとらわれず、自分が考える健康とは何だろう？　美しさとは何だろう？　と一度立ち止まって考えてみることも大切です。

顔の老化のメカニズム

加齢に伴う顔のシワやたるみなどの変化をイラストにしたのが次ページです。このイラストを見るとわかると思いますが、思いのほか老化による顔の変化はたくさんあります。

顔の筋肉を普段の生活の中でしっかり動かすことは大切ですが、残念ながら、それだけで老化を完全に防げるわけではありません。

皮膚の老化には、加齢に伴う筋量の減少や萎縮、細胞機能の低下や全身のホルモンレベルの変化など、内因性による生理老化と乾燥・酸化・光老化（日焼け）といった環境要因による外因性の老化があります。こうした色々な要因があることを理解し、バランスよく生活をすることが重要です。

外因性のもののうち、とくに日焼けは、肌にとっては大敵で、老化を促す大きな要因となります。シワは肌質や生活環境、生活習慣、表情の癖などにより異なり、浅い小ジワは乾燥、真皮まで刻まれた深いシワは日焼けによる影響が大きいと考えられます。

若いときは、皮膚の弾力性があるため顔を動かしたときだけ出てくるシワのみだっ

加齢に伴う顔のシワやたるみなどの変化

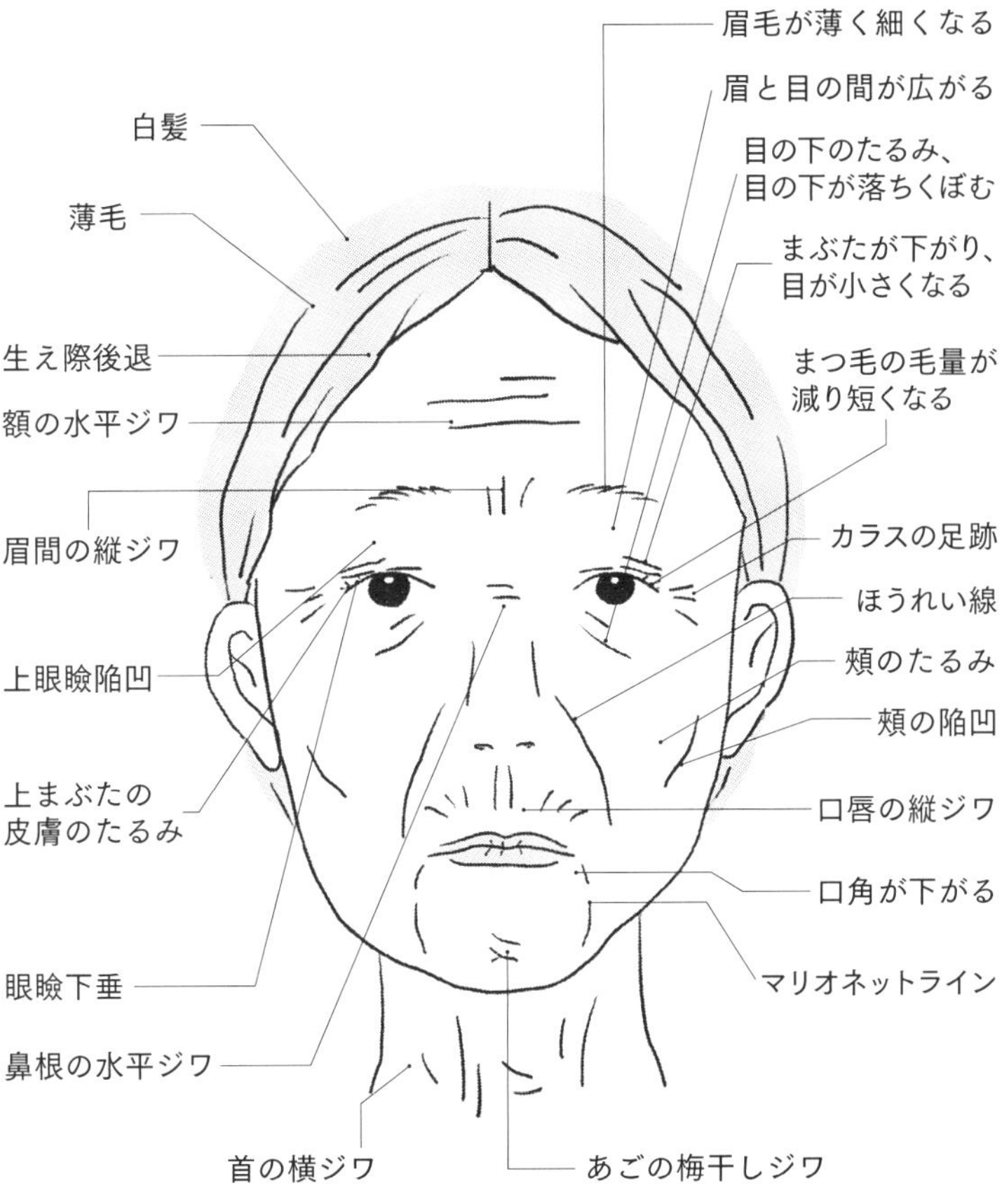
眉毛が薄く細くなる
眉と目の間が広がる
白髪
目の下のたるみ、
目の下が落ちくぼむ
薄毛
まぶたが下がり、
目が小さくなる
生え際後退
まつ毛の毛量が
減り短くなる
額の水平ジワ
眉間の縦ジワ
カラスの足跡
ほうれい線
上眼瞼陥凹
頬のたるみ
頬の陥凹
上まぶたの
皮膚のたるみ
口唇の縦ジワ
口角が下がる
マリオネットライン
眼瞼下垂
鼻根の水平ジワ
首の横ジワ
あごの梅干しジワ

たものが、加齢によりシワが固定化し、深く刻み込まれます。ですから顔の筋肉を適度に動かすことに加え、しっかり保湿をして肌の乾燥を防ぐことや、なるべく紫外線の影響を受けないようにケアをすることが、美しさを保つ秘訣となります。

一度できてしまったシワを消すことは自宅のケアでは難しいため、シワができないように予防をすることをおすすめします。

たとえば、目を見開くときにおでこの筋肉で引き上げる癖や眉間にシワを寄せる癖がある方は、シワになりやすいため、できるだけ意識して癖を治すように心がけましょう。

内因性の老化の要因のうち大きなものは、やはり筋肉の萎縮です。加齢とともに筋肉や脂肪組織も萎縮してきます。筋肉が薄くなると脂肪を支えきれなくなり、たるみなど外面に変化が現れます。それにより、ほうれい線が明瞭化され、ブルドッグ様の頬（マリオネットラインの出現）になり、首と顔との境目がぼんやりしてきます。

また、目のまわりの筋肉（眼輪筋）が薄くなると、脂肪を支えきれなくなり、脂肪が前方に突き出すことで目の下のたるみなどの変化が現れます。まさに顔の老化現象です。少しでも身に覚えがある方は、顔の老化の原因やメカニズムをきちんと知って自分に合う対処の仕方へと変えていきましょう。

人に見られることで意識をする

新型コロナウイルスの流行によって、マスク生活もずいぶんと長くなってきました。マスク生活の一番の弊害は、何といっても口元のたるみです。

でもこれはマスクをしたからゆるむのではなく、「人に見られない」ことで意識は低下し、どうしても口元を動かさない喋り方、笑顔をあまり見せないという時間が、以前よりも増えているからです。

人は「誰かに見られる」ことで意識し、よりきれいに見せたいという強い気持ちが働くのです。

実際に、マスクを外して口元を見せてのコミュニケーションが必要な場合と、マスクをしたまま人に対応する場合とでは、顔および口元の筋肉の動きが違うことがわかっています。

ついマスク生活が悪者になりがちですが、医療従事者はコロナの前から仕事中はずっとマスクをしていました。では、マスクをつけ続けている医療従事者がほかの業種の人に比べ、顔のたるみに悩まされていたかと言えば、そんなことはありません。

マスクを悪者にするのではなく、マスクを理由に顔を動かさない、意識しないという生活を改めるといいでしょう。

表情が豊かになるだけで、人は格段に美しく見える

表情は、コミュニケーション機能のひとつです。

言葉による言語情報に加え、表情や動きによる非言語シグナルが、コミュニケーションでは重要な役割を担っています。

「幸福感」の表情では、両方の口角が上がり、頬は上がり目尻が下がります。反対に「悲しみ」の表情では、両眉の内側の端が下がり、口角は下がります。

このように感情により顔の筋肉の動きは変わります。

両方の口角を上げた笑顔の表情は、相手に好印象をもたらします。

絵画や彫刻の静的な美しさと違って、人間の美しさというのは、動的なことが加わって感じるものが大部分です。その人の仕草や表情によって、しなやかな動きが加わることで、美しく見えるものです。そのためにも、筋肉の動き、すなわち表情の豊かさというのは重要になるのです。

◯自分のなりたい表情を知ることから始めましょう

美しさの基準や価値観は人によって異なるもの。もちろん国や文化の違いでも「美しさ」は異なります。

誰かの基準に合わせるのではなく、自分の価値観の中での「美しさ」を明確にし、それに向かって努力することをおすすめします。

美しさを手に入れるというのは、自分が納得してこそのものではないでしょうか。どんなにまわりが美しいと感じても、自分で納得していなかったら、それはあなたが望む美しさではないからです。

さて、あなたが思う美しさ、なりたい表情・なりたい笑顔というのはどんなものでしょうか？

まわりに「あの人の笑顔は素敵だな」と感じる人がいたら、よくその笑顔を観察してみてください。ただ漠然と「自然で美しい笑顔になりたい」と思うより、具体的になりたい表情のゴールを決めるほうが変わる原動力に直結するものです。ぜひまわりの人や雑誌やネットでも、ご自身が「きれい」「美しい」「こうなりたい」と思う笑顔や表情を探してみてください。

そこにはきっと共通点があるはずです。

まず目標を明確にすることが美しさへの近道です。

2章

よく噛んで食べる、毎日の食事が最強の顔筋トレーニングになる

口元を動かすと顔の筋肉の8割が動く

前章で説明したように、顔の筋肉は大きく分けて3種類あります。
そのうち口元を動かすことで、顔の筋肉全体の8割が動くと言われています。
顔の筋肉は表情筋のひとつである口輪筋《こうりんきん》を中心に、放射線状につながっていますので、口元を動かすことで全体の筋肉が一緒に動くことになるのです。

私たちが毎日の動作でもっとも口元を動かすのが、食べるときです。つまり、食事をすることが、顔の筋肉の多くを動かすことにつながるのです。

もちろん話したり、歌ったりすることでも口元は動きますので、筋肉を動かすことはできます。でも「噛む」「のみ込む」という動きのほうが、より効果的に顔の筋肉を動かすことができるのです。おいしいものを食べながら、顔の筋トレもできる。そんな夢のような一石二鳥ができたら、食事の時間ももっと楽しくなっていきませんか？　この章では毎日の生活の中で、顔の筋肉を鍛えていくために、ちょっとした工夫でできることを紹介していきたいと思います。

口元を動かすと顔の筋肉の８割が動く

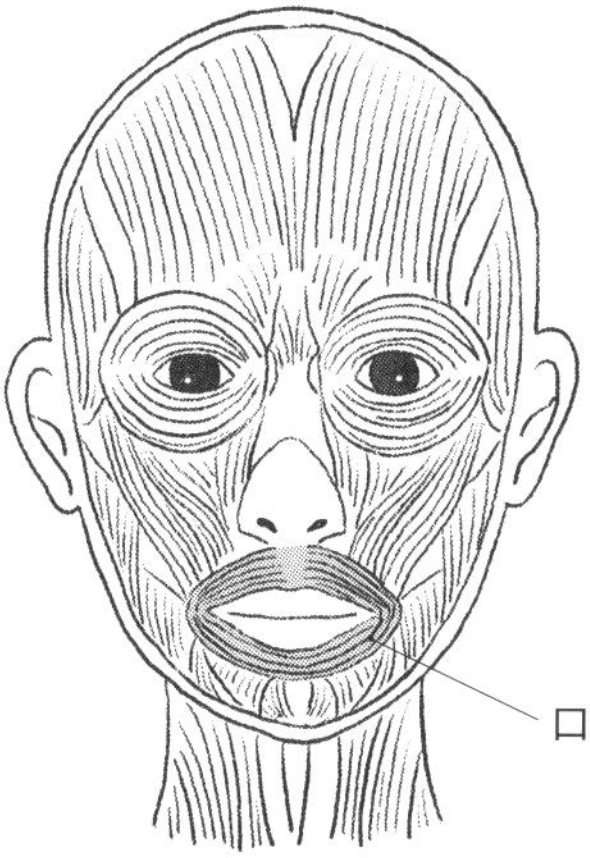
顔の筋肉は口輪筋を中心に、
放射線状につながっている
口輪筋

「噛む」「のみ込む」流れ

では、食事のときに無意識に行っている、「噛む」「のみ込む」動作の流れを見てみましょう。

口の中に取り込まれた食べ物は、まず舌の前方に乗せられます。舌はそれを瞬時に上あごに軽く押しつけ「硬さ」を判別します。やわらかいものは、上あごに押しつけ、圧縮・粉砕してのみ込みます。歯による粉砕が必要なものと判断した場合には、舌は食べ物を歯に運び、歯による粉砕が始まります。たとえば、やわらかい絹ごし豆腐は舌で押し潰し、硬い木綿豆腐は歯で噛み砕いて食べています。

食べ物による歯ざわり・舌ざわりに応じて無意識に咀嚼方法を変えているのです。

そして咀嚼時に舌は、頰と協同して食べ物が歯からずれないよう保持する役割を担っています。

舌は細かくなった食片を舌の上にかき集めて唾液と混ぜて、のみ込みやすい食塊をつくってのどへと送ります。

この一連の流れから、食事の際には「咀嚼筋・表情筋・舌の筋肉」の3つの顔の筋肉のそれぞれが動いていることがわかると思います。

嚙む力も嚙む回数も減り続ける現代人

ところで、1回の食事において嚙む回数がどれくらいかご存知ですか?

なかなか想像がつかないかもしれませんが、1回の食事あたりの嚙む回数(咀嚼回数)は、だいたい600回です。

日本チューイングガム協会の資料によると、戦前の1回の食事での咀嚼回数が約1400回と言われているので、100年前と比べてみると、嚙む回数が半分以下に

噛む時間も噛む回数も減り続ける現代人

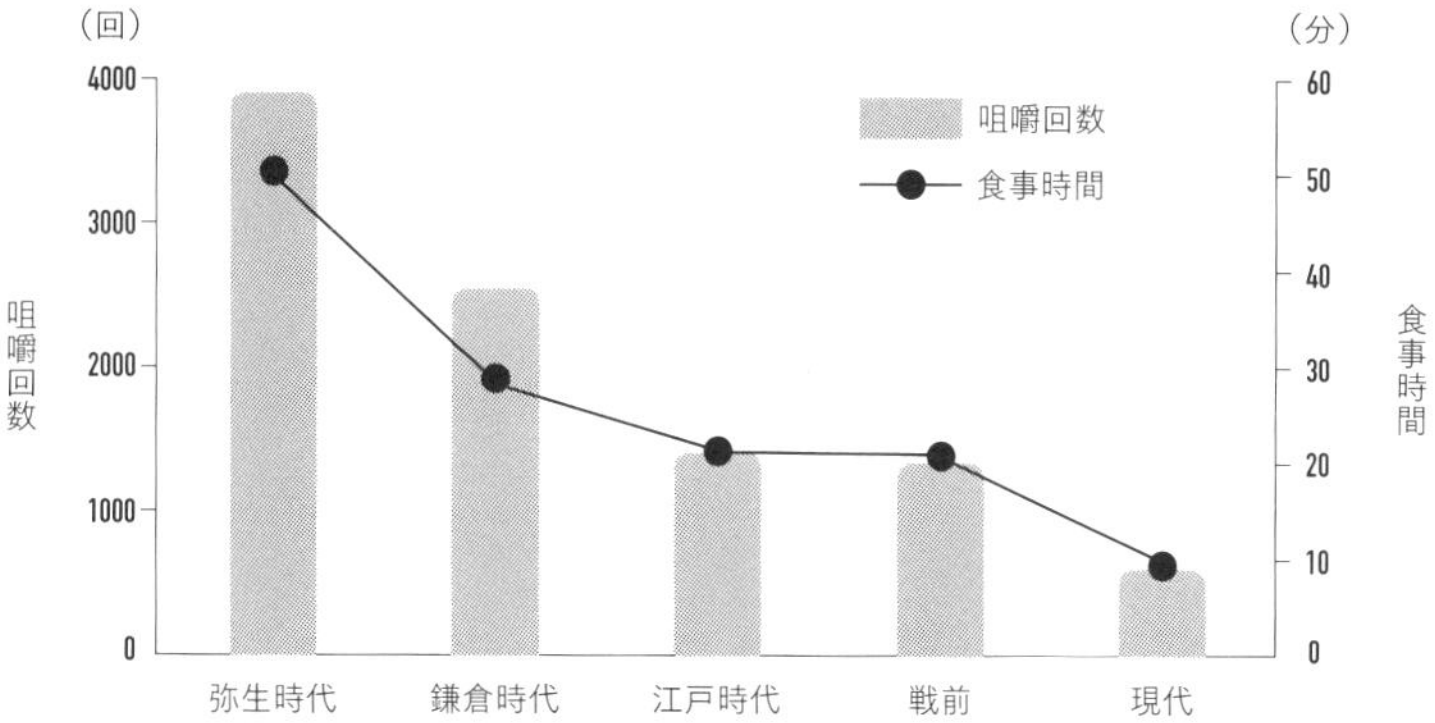

食事を完食するのに要する咀嚼回数と食事時間の変遷

出典：日本チューインガム協会の資料をもとに作成

減っています。

この原因についてはさまざまな理由が考えられます。やわらかい食べ物が好まれる好みの変化、食べ物の変化、調理方法の変化もありますが、食事のあり方が昔と比べてだいぶ変わったこともあります。一家団欒でゆっくり食卓を囲むことも少なくなり、「孤食」が増えたことで食事時間も減少し、それに伴い咀嚼回数も減少しているのでしょう。

噛みごたえとは？

咀嚼回数を増やす手っ取り早い方法は、噛みごたえのある食材を食べることです。そうすることで自ずと咀嚼回数が増え、咀嚼筋を鍛えることができます。噛みごたえのある食材とは何かと言えば、のみ込むまでに噛む回数がかかるもの、よく噛まないとなかなかのみ込めないものです。

ただし「噛みごたえ=硬い食べ物」というわけではありません。

たとえば硬すぎるせんべいは、何度も噛む必要がありますが、物質としても硬く、あごに負担がかかります。これは「噛みごたえ」のある食材とは言いません。硬い食べ物はときにあごを痛め、顎《がく》関節症を引き起こす可能性があるため、あまりおすすめできません。一方で、タコなどは何度も噛む必要はありますが、物質としてはやわらかいですよね。こういう食材は「噛みごたえ」のある食材です。のみ込むまでに時間がかかる食材が噛みごたえがある食材で、弾力性があるものや、繊維質の食べ物などが含まれます。

どの食品が「噛みごたえ」があるか、一目でわかる表を載せましたので、食事のメ

食品の「噛みごたえ」度一覧

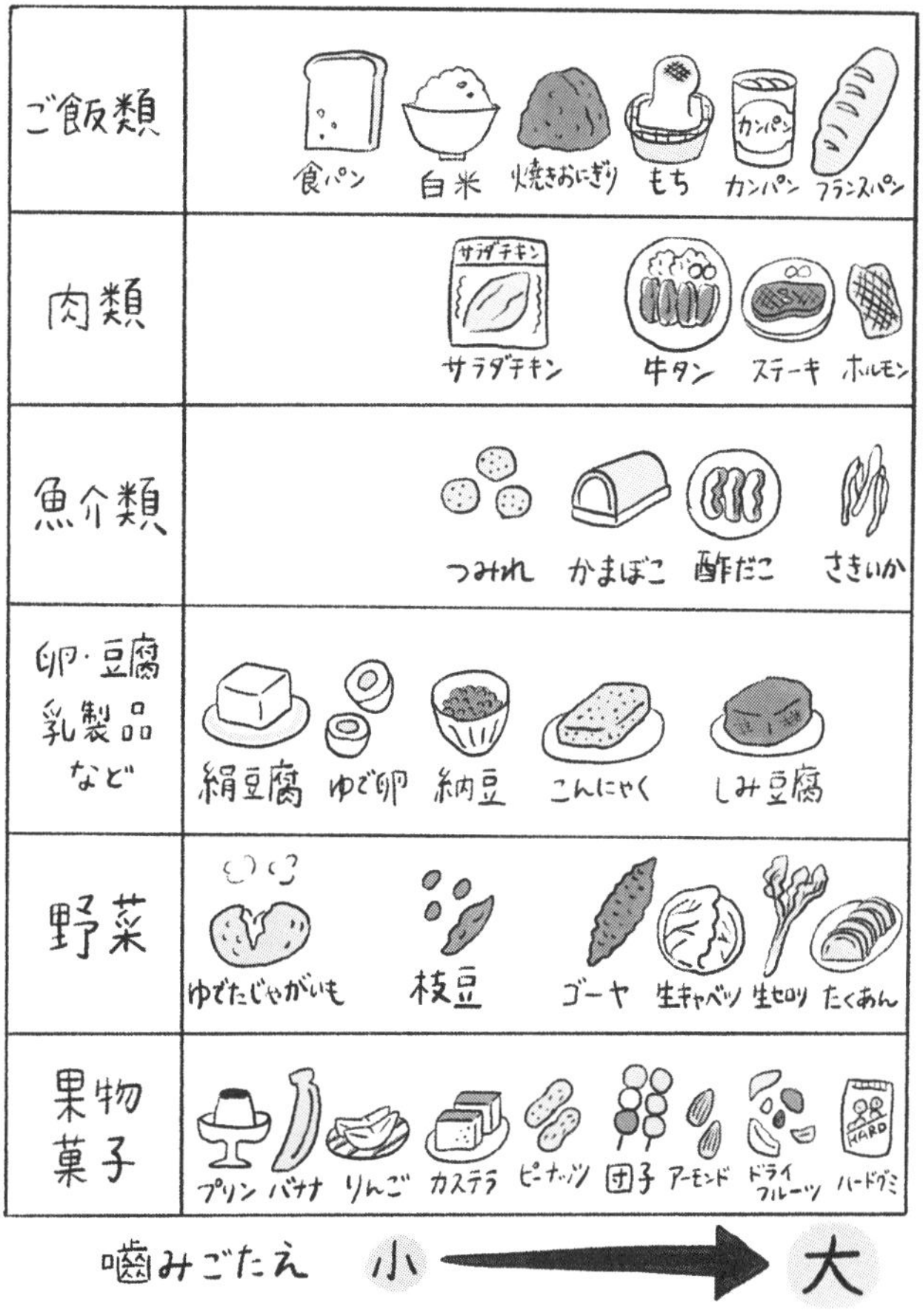
ご飯類
食パン
白米
焼きおにぎり
もち
カンパン
フランスパン
肉類
サラダチキン
牛タン
ステーキ
ホルモン
魚介類
つみれ
かまぼこ
酢だこ
さきいか
卵・豆腐
乳製品
など
絹豆腐
ゆで卵
納豆
こんにゃく
しみ豆腐
野菜
ゆでたじゃがいも
枝豆
ゴーヤ
生キャベツ
生セロリ
たくあん
果物
菓子
プリン
バナナ
りんご
カステラ
ピーナッツ
団子
アーモンド
ドライフルーツ
ハードグミ
HARD
噛みごたえ
小
大

ニューを考えるときに参考にしてみてください。こうした食材を毎日の食事の中に積極的に取り入れることによって、自然と咀嚼する回数が増え、食事をしている間に咀嚼筋に負荷をかけることができます。

早食いはたるみの元

咀嚼回数が少なくなる原因は、食材の噛みごたえの問題だけでなく、「食べる時間」も関係します。さて、あなたの1回あたりの食事時間はどのくらいでしょうか？

忙しいからと言って、お昼ご飯を流し込んだりしていませんか？

「早食い＝あまり噛まずにのみ込む」ため、咀嚼回数は少なくなります。繰り返しになりますが、筋肉の維持には「適度な運動」が必要です。

人間の体は、まったく運動しなかったり負荷が軽い運動しか行わなかったりすると、廃用萎縮といって、使わない運動器官は退化していきます。

顔の筋肉も同様で、適度な負荷をかけて、よく噛むことで咀嚼器官の維持につながり、衰えを予防できるのです。

よく「一口30回噛む」と言われますが、これは「よく噛んで食べましょう」というひとつの目安の数字です。どんな食べ物でも30回噛めということではありません。何より食事で一番大切なことは味わって楽しむことです。じっくり味わうことで、咀嚼回数は増えていきますので、よく噛むことばかりに気を取られて、食事を楽しめない、味わえないなんてことにならないよう注意してくださいね。

咀嚼回数を増やすにはさらに次の3つのコツがあります。

①一口に入れる量を減らす
②調理方法を工夫する
③会話をし、ゆっくり時間をかけて食事時間を長くする

説明していきましょう。

①一口に入れる量を減らす

一口の量を減らすためには、小さいスプーンや先の細いお箸を使用するのがおすすめです。そうすると簡単に一口の量が少なくなります。また、フォークとナイフを利用して食事をすることも有効です。丸かじりできるものに対しても、普段使い慣れないフォークやナイフを使って食べることで口に食べ物を入れる手間が増えるため、一口の量を少なくできます。

実は一口に入れる量が多いと、呼吸もしにくくなり、早くのみ込もうとしてよく噛まないまま嚥下をしてしまいます。よく噛むためには「少量を口に入れる」という癖をつけましょう。

②調理方法を工夫する

先ほど紹介した噛みごたえのある食材を使うほかにも、食材の切り方を工夫する、加熱時間を工夫する、水分を少なくする、食材を組み合わせるなどの方法があります。食べる前に一工夫をすることで、咀嚼回数を増やすことができます。詳しくは44ページで解説します。

③会話をし、ゆっくり時間をかけて食事時間を長くする

これこそ本来の食事の醍醐味と言えるでしょう。ゆっくり噛んで、会話を楽しみながら食事の時間を長くすることで、より味わって食べられるのと、一口あたりの量も減ることから、咀嚼回数が増加します。また、一口ずつ箸を置いて食べる方法も意外に効果的です。

ただしっかり噛むだけではなく、舌を動かすことがポイント

「しっかり噛む」というと、噛む回数にばかり目がいきがちですが、咀嚼時によく舌を動かすことも重要です。前の章でも述べましたが、舌の筋肉は見た目においても、機能面においても非常に大きな役割を担っています。舌の筋肉が衰えてくると、フェイスラインが不明瞭になったり、二重あごになったり、機能面ではむせることが多くなったりと、老化が進んでしまいます。

ですから、咀嚼の際も意識して舌を動かすようにしてみてください。口をあまり動かさずに咀嚼をしてみると、食べ物が口の中をあまり移動しないため、舌もあまり動かないことがわかります。

反対に、口を大きくモグモグ動かすと、食べ物が口の中を色々な方向へ移動するため、舌は活発に動き、あちこちに移動した食べ物を集めて嚥下しやすくなるように働きます。

ガムで試してみるといいでしょう。口を大きく動かしてガムを噛んでみると、ガムが口の中をあちこちに移動してしまうと思います。大きく口をモグモグ動かしながら右の奥歯で10回噛んでみてください。

移動しそうなガムを、舌が同じ場所に自然と戻しているのがわかるかと思います。意識して口をモグモグ大きめに動かすことで、舌も一緒に動かすことができます。

家で簡単につくれる、よく噛むためのレシピ

咀嚼回数を増やす2番目のコツ、調理方法を一工夫することで、噛む回数を増やす

ことができます。では調理方法の工夫のための5つのポイントを紹介していきましょう。

①噛みごたえのある食材を使う

39ページで紹介した、噛みごたえ早見表や食品の咀嚼回数の目安（47ページの表）を参考にメニューを決めてみるといいでしょう。

噛みごたえがある食材は、トッピングとして使うと効果的です。

②食材の切り方を工夫する

食材を大きめや乱切りに切ることで、噛む回数も増え噛みごたえがアップします。

にんじんやゴボウなどの根菜類は、千切りなど繊維に対して平行に切ると、繊維が長いまま残るため噛みごたえが増します。食材に応じて切り方を工夫しましょう。

③加熱時間を工夫する

野菜は、加熱時間が長いほどやわらかくなり、噛みごたえがなくなっていきます。

したがって、噛みごたえのことを考えるとあまり熱を加えすぎないことが大切です。ただし、生野菜は噛みごたえはあるのですが、かさがあって、一度に多くの量を食べられないというデメリットがあります。生で食べられる野菜でも、さっとゆでるなどすれば、噛む回数を減らさずにたっぷり食べることができます。食材に応じて柔軟に考えていくのも楽しいと思います。

④食材の水分を減らす

料理に水分が少ないと噛みごたえが増していきます。とは言っても、水分の少ない料理と聞いて、すぐピンと来ないかもしれません。

水分を減らす方法で一番お手軽なのが、塩で水分を抜く漬物です。白菜の漬物は生の白菜に比べて噛みごたえがあります。

そのほか、揚げ物も水分を抜くひとつの方法です。溶き卵や出汁がしみたカツ丼よりとんかつそのもののほうが、水分が少ないため咀嚼回数がグッと増えます。

食べ物と食品の咀嚼回数の目安

食品	咀嚼回数	食品	咀嚼回数	食品	咀嚼回数
ガム	550	ウインナーソーセージ	58	羊かん	37
せんべい	108	焼き鮭	58	餃子	36
フランスパン	108	かまぼこ	54	焼きそば	36
アーモンド	101	ピザ	51	ハンバーガー	35
にんじんスティック	100	もち	49	ゆで卵	33
ピーナッツ	93	チャーハン	48	りんご	32
ポテトチップス	80	たくあん	47	マカロニグラタン	32
レーズン	80	ほうれんそうのおひたし	46	大福	27
フライドポテト	69	うどん	44	まぐろ刺身	26
食パン	65	カステラ	44	チーズ	25
ゆでだこ	63	ラーメン	43	卵焼き	24
焼き鳥	62	こんにゃく	42	ショートケーキ	20
豚生姜焼き	61	そば	41	バナナ	19
生キャベツ	61	パスタ	40	木綿豆腐	17
さきいか	59	ごはん	39	プリン	8

出典：『料理別咀嚼回数ガイド』（風人社）及び、和洋女子大学の博士論文のデータをもとに著者作成

⑤噛みごたえの違う食材を組み合わせる

数種類の噛みごたえの違う食材を組み合わせることで、1種類の食材でつくるよりもしっかり噛める料理ができあがります。これは、数種類の食材を使うことで、食感や味に違いが出て、じっくり味わうことができ、噛む回数が自然と増えるためです。

たとえば、定番の付け合わせに、お刺身に大根のツマというのがあります。なぜ刺身には大根のツマがついているのか不思議に思ったことはありませんか？　実は、食べるときにお刺身と大根のツマを一緒に口に入れると噛みごたえが格段に上がるのです。

ほかにも、舌で潰せそうなくらいやわらかいポテトサラダでも、枝豆をちょこっと加えるだけで噛みごたえが出てきます。

また、切り干し大根やキクラゲなどの乾物をトッピングに使うのもおすすめです。乾物は食物繊維が豊富で、噛みごたえがあり、水で戻すだけで使えるので調理も簡単です。ぜひ毎日の食事の中に意識的に取り入れてみましょう。

参考までに、噛みごたえアップを意識したレシピをいくつか載せておきます。

高野豆腐と青菜炒め

材料

高野豆腐……２個　　小松菜……２株　　生姜細切り……適量
ごま油……適量　　醤油……大さじ１　　酒……大さじ１

１）高野豆腐は水で戻し、水気を軽く絞り２～３ミリの細切りにする。

２）小松菜は４～５センチに切る。

３）熱したフライパンにごま油を入れ、生姜を炒める。

４）１と２を加えて１分程度炒める。

５）醤油と酒を入れる。

ごぼうサラダ

材料

ごぼう……１本　　マヨネーズ……大さじ３
酢……大さじ１　　すりごま……大さじ２
砂糖……大さじ１／２　　醤油……小さじ１／２

１）ごぼうは細切りにする。ささがきにしてもＯＫ。

２）１を３分ほど水にさらしたら、水気を切って耐熱ボウルに入れて、ラップを軽くかけ、600Ｗ３分電子レンジで加熱。

３）調味料を混ぜて、２にかける。

あげないタコ揚げ

材料

ゆでたタコ……300ｇ（キッチンペーパーで水気を取っておく）
すりおろし生姜……大さじ1　片栗粉……適量
醤油……大さじ4　酒……大さじ1
胡椒……適量　レモン汁……適量　サラダ油……大さじ3

1）タコは一口大のぶつ切りにし、ビニール袋にすりおろし生姜・酒・醤油・タコを入れ軽くもみ、10分置く。

2）1に片栗粉をまぶす。

3）フライパンにサラダ油を入れよく熱する。2を入れ焼き色がついたらひっくり返す。胡椒を加え、最後にレモン汁をかける。

食卓にワンポイント

・セロリの漬物

繊維質の多い野菜を漬物にすることで、簡単に噛みごたえのある1品ができあがります。

繊維に対して平行に切って、浅漬けの素に浸せばＯＫ。

・カレーにトッピング

カレーやシチューにゆでたブロッコリーなどを後乗せすると、トロトロ感にシャキシャキが加わるので、「飲み物」から「食べ物」へ変化します。

コンビニで探す噛みごたえのあるメニュー

忙しいときや仕事中のお昼ご飯などで、コンビニのお弁当やお惣菜を利用される方も多いのではないでしょうか？　コンビニにも噛みごたえのあるメニューはたくさんあります。

私がおすすめするのは、ちょっとしたおつまみ系サラダなどの1品です。噛みごたえメニューは、1回の食事につき1品もあれば十分です。

たとえば、

- **タコとブロッコリーのバジルサラダ**
- **おつまみ酢もつ**
- **野菜と砂肝のサラダ**

など。コンビニは日々進化していますので、おかずやサラダのバリエーションもいっぱいあって、ユニークなメニューに出会うことができます。買う際は、噛みごたえがあるかどうか、食材をよく見てから選ぶようにしてください。

また、パンも種類によって噛みごたえに違いがあります。

噛みごたえ順でいうと、

食パン（耳なし）＜クロワッサン＜ベーグル＜ライ麦パン＜フランスパン（バゲット）

となります。本場のバゲットになると、食べているとあごが疲れるほどです。

ただし、当たり前ですが自分が食べたいものを選ぶというのが心と体にとっては一番大事なことです。〝噛みごたえ〟という点にあまりとらわれすぎないように気をつけてください。

間食なら「ガム」がおすすめ

なるべく毎日の3食の中で、しっかり噛むことを意識していただきたいのですが、実践できない日もあるでしょう。しっかり噛む習慣がなかなか定着しないという人もいるかと思います。中でも歯の噛みやすいほうの側でばかり噛んでしまう偏咀嚼の方などは、食事のときに両側の歯でバランスよく噛むことを実践するのは難しいかもしれません。その場合は、「ガムを噛む」ことをおすすめします。1日1回ガムを左右両側の歯でバランスよく噛んでリセットします（66ページでガムを使ったエクササイズを紹介します）。

板ガム1枚を10分間噛むと、咀嚼回数は約550回。前述したように1回の食事での咀嚼回数が約600回ですので、1回の食事と同じくらい噛んでいることになります。

また、噛むことで満腹中枢が刺激されます。満腹中枢は働くまでに、食べ始めてから20分〜30分かかると言われています。ですから、早食いの方は、満腹中枢が働く前に食べ終わってしまい、ついつい食べすぎてしまう傾向にあります。

そんな方は、食事の前にガムを数分噛むといいでしょう。それによって満腹中枢が刺激され、その後食事を行うことで食事量を減らすこともあります。咀嚼回数を増やすことができ、かつ食事量も減らせるので、一石二鳥なのです。

食事を楽しみながらきれいになる

生きるため、栄養を摂るために食べる。食べることは多くの人にとって人生においての楽しみのひとつではないでしょうか。その楽しみの中にちょっとした工夫を加えて、美しさを手に入れませんか？

調理方法を工夫したり、いつも選ぶメニューを変えてみたり、ほんの一工夫でOKです。1日3回の食事が365日続くのです。その中で、毎回気をつける必要はなく、ご自身で取り組める範囲でやってみてください。少しの工夫を続けていくことで、習慣化し、やがて顔や体にも変化が訪れるはずです。こだわりすぎないこと、あくまで食事を楽しむことから目的がそれないようにすることが大切です。

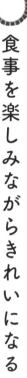

3章

しっかり噛む・声を出して歌う・積極的におしゃべりする

――毎日の生活の中で顔の筋肉は鍛えられる

毎日の生活の中で鍛えよう

前章でお伝えしてきたように、顔の筋肉を鍛える一番効率のよい方法は、毎日の食事でしっかり咀嚼を行うことです。そのうえで、食べるとき以外の普段の生活から口元を動かすことを少しずつ意識していけば、無理なく顔の筋肉を効率的に鍛えていくことができます。

私たちは毎日何かしら顔を動かしているものです。話をするときに少し滑舌をよくして話してみると、いつもより口元が疲れると思います。またカラオケで大きな声で歌を歌って発散すると、のどが疲れませんか?「喋る」「歌う」ことで口元を動かすことも、筋肉を衰えさせないためにはとっても役に立つのです。

ただし、これも基本は自分が楽しむことが大前提です。人と話しているときに、口を動かさねば……と、変に意識をしすぎないよう注意してください。かえって不自然になってしまいます。

顔の筋肉をしっかり動かす必要性を頭の片隅に置きながら、食事を堪能し、人と積極的におしゃべりして交流し、ときに歌を歌って気分転換するなど、毎日を楽しむことが何より大切です。

生活の中で無理なく実践していくことが、自分の身についていく近道だと思うからです。

とは言っても、みなさんの中には、そもそも顔の筋肉の動かし方がよくわからないという人も多いでしょう。やみくもに顔を動かして、シワでも増えようものなら元も子もありません。

そこで、この章では日常生活の時々で、効果的に顔の筋肉を鍛えられるよう、正しい顔の動かし方やコツなどを紹介していきたいと思います。家でもできる顔の筋肉を動かすエクササイズも取り上げます。

エクササイズの注意事項

・エクササイズは、あくまでも補佐的なものです。基本は、食事の際に噛む回数などに注意し、生活の中で顔の筋肉を自然と動かすようにしましょう。
・過度に行うとシワの原因にもなりますので、やりすぎには注意しましょう。

・エクササイズ時、姿勢が悪くならないように気をつけましょう。
・集中しすぎると、呼吸が浅くなったり止めてしまったりしがちです。鼻からゆっくり呼吸をしながら行いましょう。
・本書で紹介するエクササイズには、あごに負担をかけるものは入っていませんが、万が一あごや歯に痛みや違和感が出た場合は、エクササイズを中止して様子を見るようにしてください。

顔の筋肉もしなやかさが重要

体もそうですが、顔の筋肉においても何といっても柔軟性がとても重要です。筋肉が硬いとうまく動かすことができないからです。もし、「顔のこわばりを感じている」「あまり顔の筋肉を動かしていない」という自覚がある方は、まずは顔の筋肉の柔軟性を上げるのが先決です。

自覚しにくいのですが、実は、普段から顔や口元に無意識に力が入っている人が多くいます。長時間同じ姿勢でスマホを見続けたり、現代人の体は24時間ガチガチに緊張しっぱなしと言っても過言ではありません。

筋肉に過負荷がかかると顎関節症を引き起こす原因にもなります。また、筋肉が硬い人は、筋肉がこわばって動かしにくいために、柔和でやさしい表情がしづらくなることにつながります。歳とともに顔が険しくなってきたと感じている方は要注意です。

まず最初に、くいしばり度チェックから確認していきましょう。

くいしばりチェック

- ☑ 朝起きたときに、あごに痛みを感じることがある
- ☑ いつも上下の歯が当たっている
- ☑ ふと気づくと歯を噛みしめている
- ☑ 頬に歯の痕がある
- ☑ 舌に歯の痕がついている

ひとつでも当てはまる人は、口元につねに力が入った状態になっているTCH "Tooth Contacting Habit"（歯列接触癖）の可能性があります。TCHは、筋肉のみ

TCHの口元の状態　　**正しい口元の状態**

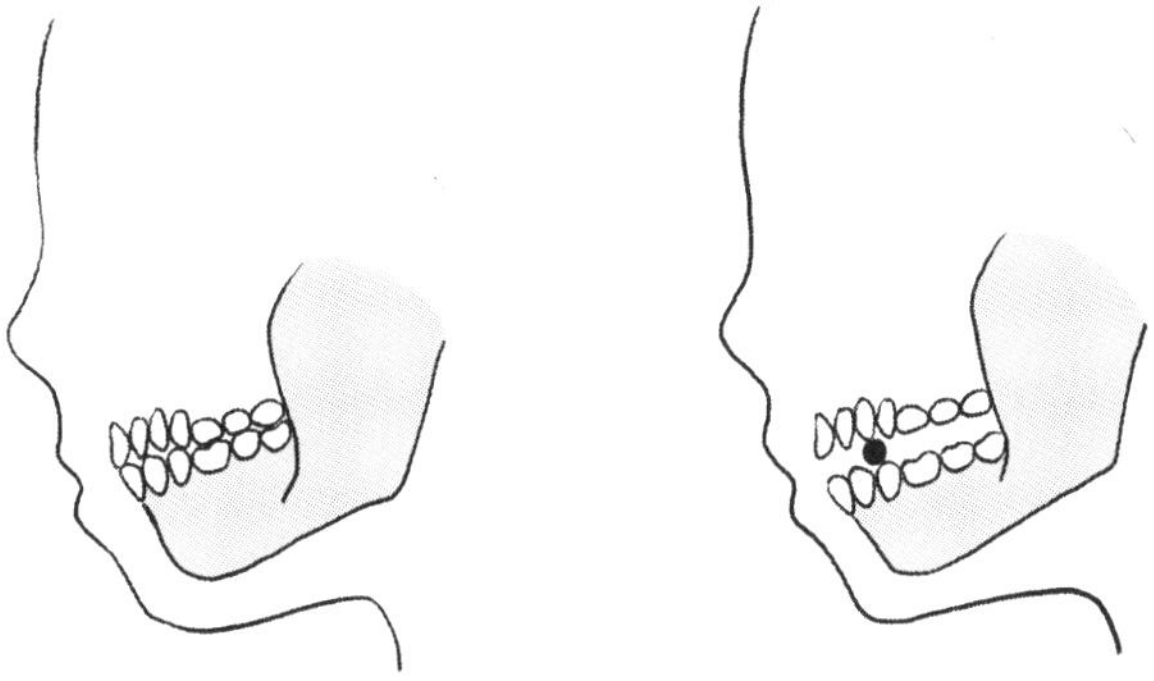

TCH
上下の歯が触れ合っている

安静位空隙
上下の歯に隙間がある

ならず、歯やあごの骨にも悪影響を及ぼすので、注意が必要です。

上の右のイラストのように、本来、口を閉じた状態では、上下の歯は少し離れて（1～3ミリ）いるものです。上下の歯が接触している状態というのは、1日あたり合計しても20分もありません。対して、左側のイラストのようにTCHの人の場合はつねに上下の歯が触れ合っています。

先ほどのくいしばりチェックの項目でひとつでも該当したという方は、無意識に力が入って筋肉や骨に過度な負担をかけている可能性があります。

できれば普段から、正しい舌の位置か

つ、上下の歯は少し離すということを意識してみてください（舌の位置については後述します）。

また、無意識に力が入りやすい人は、口まわりの筋肉が緊張している時間が長く、頬まわりの筋肉も硬くこわばっていることが多い傾向にあります。頬まわりの筋肉を歯に吸いつけていたり、頬の筋肉を歯に押しつけていることがあり、そのため、チェックリストにもあるように「頬に歯の痕がある」「舌に歯の痕がついている」ということが起こるのです。

これを緩和するためには、歯磨きやうがいなどで口をゆすぐときに、大袈裟にゆっくりとブクブクうがいをすることをおすすめしています。

筋肉をやわらかくする 大袈裟ブクブクうがい

口を大きくゆっくりブクブク

筋肉をやわらかくする大袈裟ブクブクうがい

口を上下にゆっくり大きく、わざとら

しいほどにブクブクさせながら、うがいを10回程度行いましょう。

日常生活の中でも、気づいたときに、口に空気を含んで、大袈裟にゆっくりプクプクすることでも頬の筋肉が伸びるので効果的です。マスクをしているときに行えば、誰にも気づかれないでしょう。

顔をやわらかくするウォーミングアップ

それでは顔の柔軟性を上げるためのウォーミングアップのエクササイズを紹介します。

縮んでふくらむエクササイズ

このエクササイズは、目と口元を動かしていきますが、慣れるまでは、まずは口元だけの練習にしましょう。

①鼻から息を吸いながら、口をすぼめます。頬の筋肉が上下の歯の間に挟まるくらい思いっきり吸いつけます。吸い込んだまま、4秒キープします。このとき、猫背に

顔をほぐす
縮んでふくらむエクササイズ

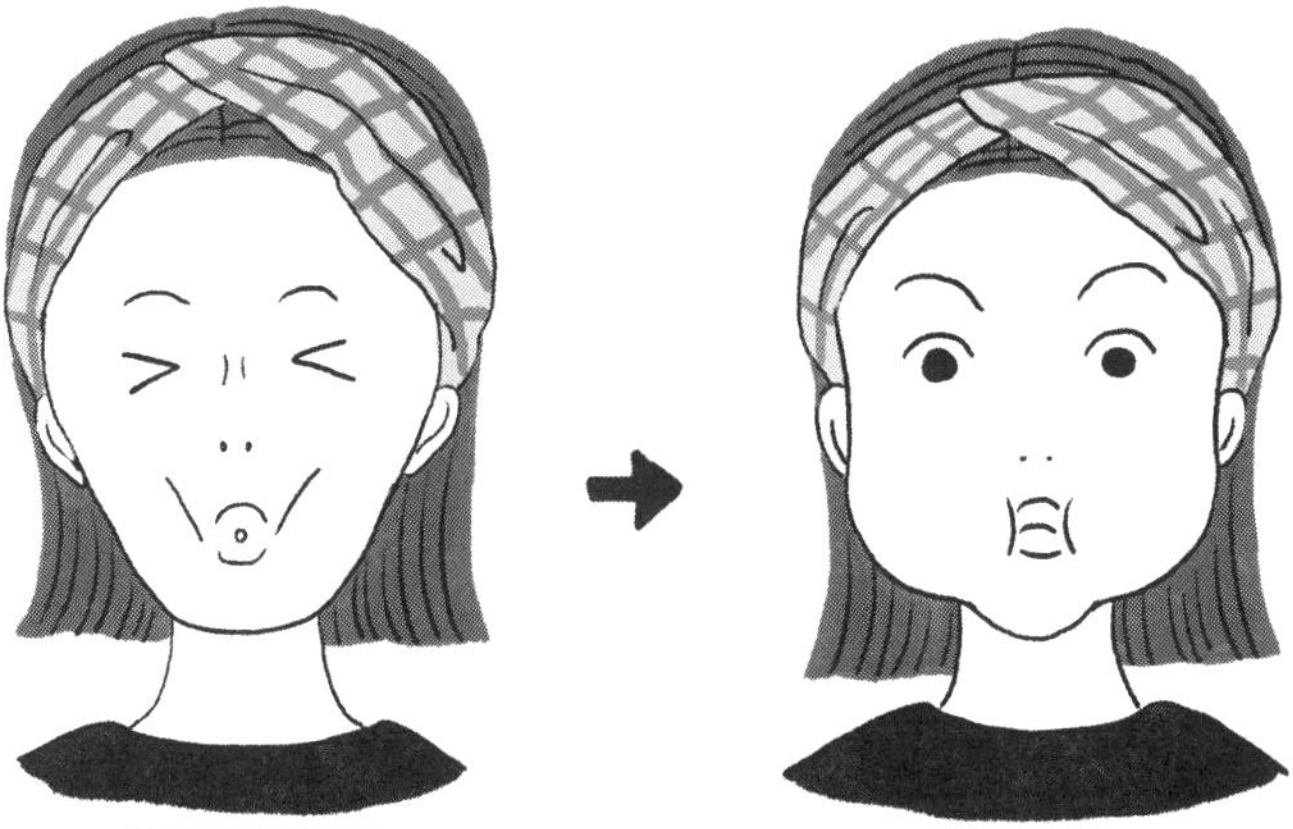

縮んで４秒
目を閉じ、息を吸いながら口をすぼめ、顔全体を縮める

ふくらんで４秒
目を見開き、鼻から息を吐きながら、頬をふくらませる

朝晩
3〜5
セット

眉毛の動きもチェック！

目を見開くときに眉毛が上がる人は、
目の上の筋肉が衰えている可能性があります。
そのままにしておくと歳を重ねたときに、
上まぶたの垂れ下がりにつながります。
眉を動かさずに目を見開く練習をして、
目元のたるみを防止しましょう。

なってしまいがちですので、姿勢が悪くならないように背筋を伸ばすように意識してください。力を入れるのは、上下の歯の間、頬の真ん中です。唇の端に力を入れないようにしましょう。

②次に鼻で息を吐きながら、口元に力を入れて、思いっきり頬をふくらませます。「アップップ」の「プー」のイメージです。口を閉じる筋肉の力が弱いと、唇から空気がもれてしまうので、もれないように口元は力をギュッと入れましょう。ふくらませたまま4秒キープします。

①と②を交互に朝と晩に3~5セットずつ行いましょう。

口元を鏡で確認して、できるようになったら次は目も一緒に行います。

①口をすぼめるときに、目もギューッと思いっきり閉じます。

②頬をふくらませるとき、同時に目を大きく見開きます。目を見開くときには、眉毛を一緒に上げないように、上まぶただけを上げるようにしましょう。おでこの筋肉は顔のほかの部位に比べるととても薄く、動かすとシワになりやすいからです。エクササイズのときだけでなく、普段から「眉間にシワを寄せていないか?」「眉毛

を上げる癖がないか？」など、意識しましょう。

表情が乏しいと感じている方や、あまり感情を顔に出さない方、ＰＣでの仕事が多い方など、普段あまり顔を動かしていないと、初めのうちは思うように筋肉を動かすことができないかもしれません。少しずつでもいいので、このウォーミングアップによって筋トレやマラソンの前に筋肉をほぐすように、顔全体の筋肉をほぐして動かしやすい状態を保つことが大事です。

表情筋と咀嚼筋を動かす

左右対象で整ったシンメトリーな顔は美しいですよね。顔の歪み・非対称・シワの入り方の違いの原因の多くは、片側噛み（偏咀嚼）から来ている場合があります。食事のときに、左右の歯でバランスよく噛めればいいのですが、なかなか噛むことを毎回意識しながら食事をするのは難しいもの。これから紹介する「噛み噛みエクササイズ」は、ガムを使って左右均等に噛むことで、噛み癖や表情癖を修正しながら、不足する咀嚼回数を補ってくれます。

左右の歯でバランスよく

噛み噛みエクササイズ

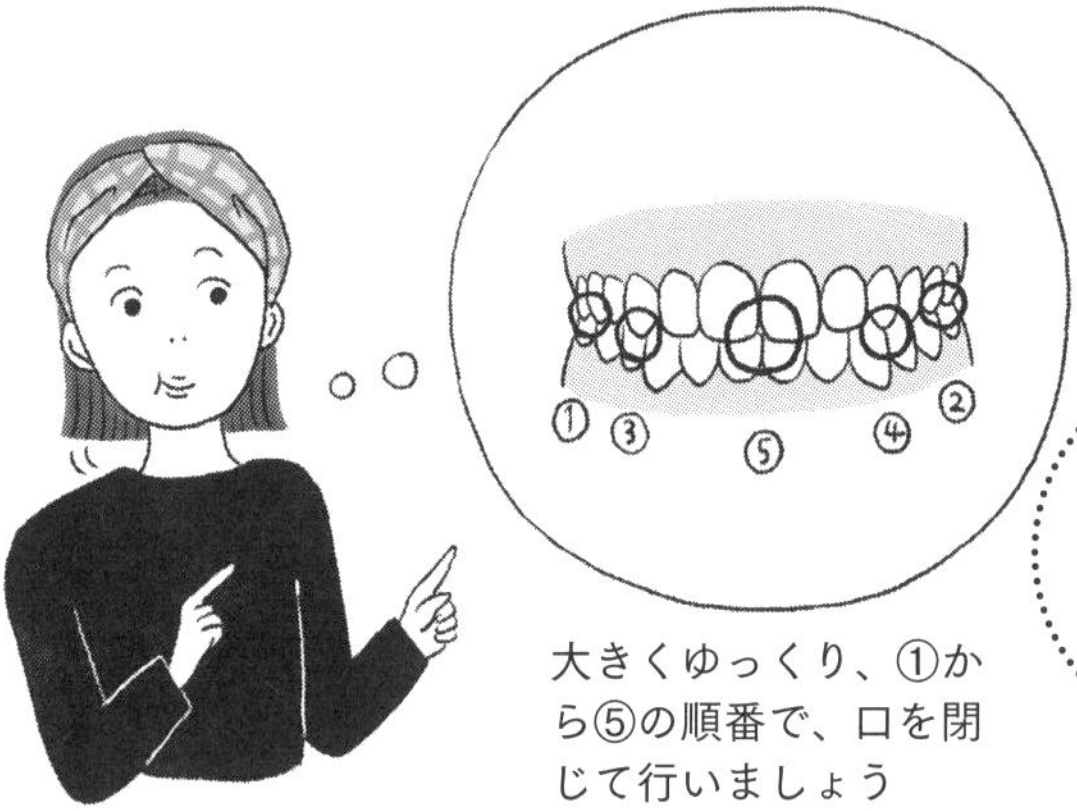

大きくゆっくり、①から⑤の順番で、口を閉じて行いましょう

1日
1〜2
セット

表情筋だけでなく、咀嚼筋を中心に動かすエクササイズです。なるべく大きく口を動かして、ゆっくり噛み、舌の動きも意識して行うとより効果的です。このエクササイズに加え、普段の生活で61ページで紹介した「大袈裟ブクブクうがい」も実践するとよいでしょう。表情筋や咀嚼筋を広範囲に動かすことが可能です。

噛み噛みエクササイズ

粒ガムなら2粒、板ガムなら1枚用意しましょう。

少し噛んで、ガムがやわらかくなったらエクササイズスタートです。

噛むときは、口は閉じましょう。

①右の奥歯で10回ガムをオーバーに噛みます。
②左の奥歯で10回同じように噛みます。
③右の小臼歯で10回噛みます。
④左の小臼歯で10回噛みます。
⑤前歯で10回噛みます。

1日1～2セット行うとよいでしょう。

○顔の筋肉、実はキーポイントは「舌」、舌の筋力アップが美への近道

「顔の筋肉＝表情筋」というイメージを持たれるかもしれませんが、実は「舌の筋肉」を鍛えることが、見た目や機能面でも非常に重要かつ、効果的です。

舌の位置をチェックしてみましょう

軽く口を閉じた状態で、舌の位置はどこにありますか？

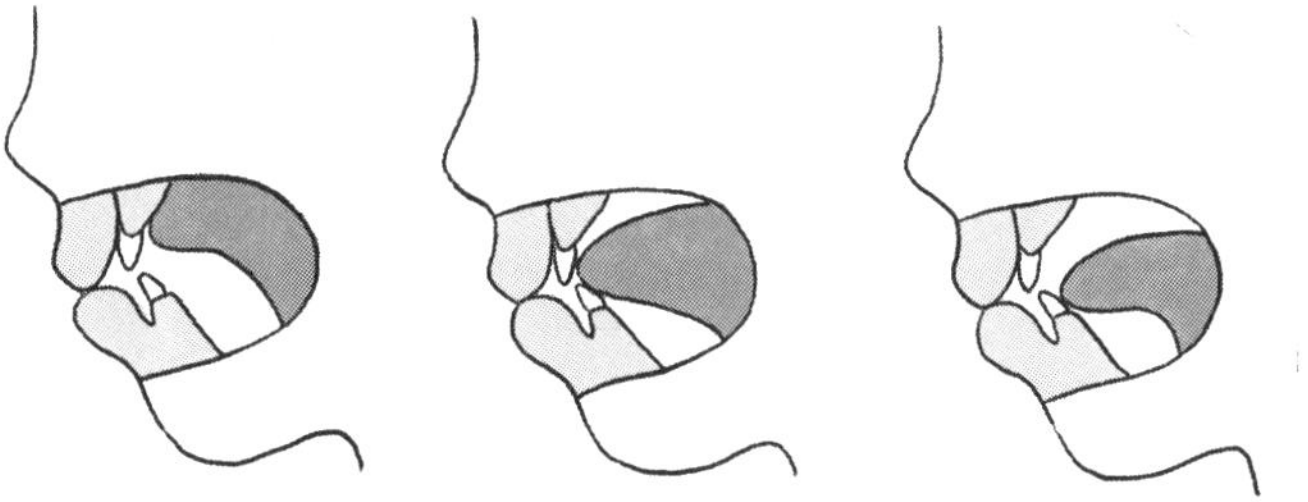

① 上あごに舌がついている　② 上下の歯の間に舌がある　③ 下の歯に舌がついている

舌には正しい位置があります。まずは、舌の位置が正しい場所にあるかチェックしてみましょう。

上の3つのイラストを見てください。あなたの舌は①~③のうちどこにありますか？

舌の正しい位置は、①の舌が上あごにピッタリとついている状態です。舌は、上の前歯の少し後ろ（歯に触らない位置）にあります。

舌打ちをするときのように舌を上あごに吸いつけて音を出してみてください。音を出す寸前で舌を止めると、舌が上あ

正しい舌の位置

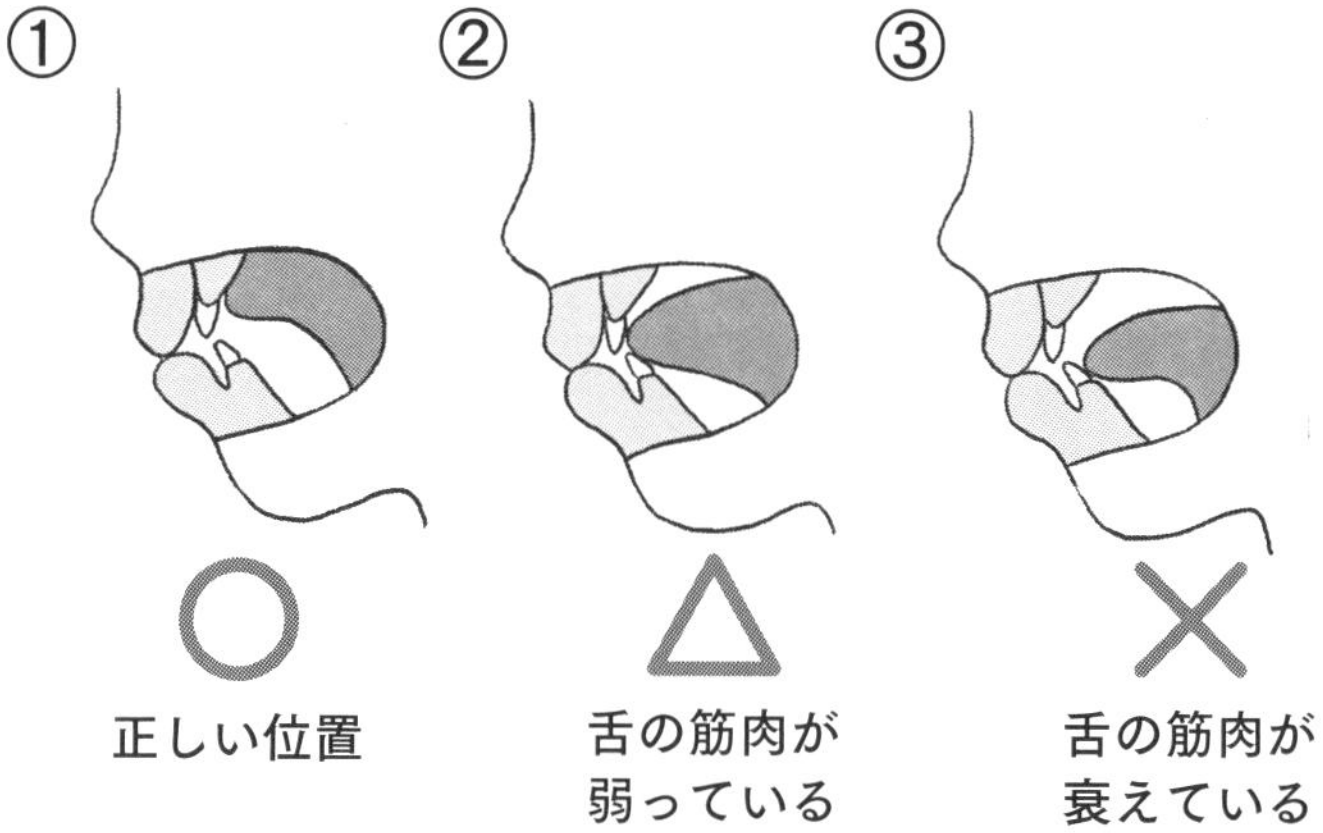

ごに吸いついているのがわかると思います。

その状態が舌の正しい位置です。

舌を正しい位置に置いて、鼻をつまんで口を開けて息を吸ってみてください。呼吸ができないはずです。

舌が正しい位置にあり、しっかり上あごにくっついていれば口からは呼吸ができないのです。

舌を正しい位置にキープできていれば自然と鼻でしか呼吸できなくなります。まずは舌を正しい位置でつねにキープできるように意識しましょう。

舌が正しい位置にない②や③に当てはまる方は、舌の筋肉が衰えている可能性

舌の位置が正しくないと……

口呼吸をしている
可能性が高い

口が乾き、むし歯菌や
歯周病菌が増える

舌に変な癖が
ついている

呼気がのどから肺に
入るのでのどを痛める。
風邪をひきやすくなる

舌で下の前歯を押すなど
歯並びに影響が出る

や舌の癖を持っている場合があります。

舌の位置が正しくないとどういうことが起こるでしょうか？　上にまとめてみました。

舌の筋肉が弱ってきている方や、舌が正しい位置になかった方は、舌のエクササイズに加え、普段の生活でも舌の位置と鼻呼吸を意識することが大切です。

いつも思い出したときに、舌が正しい位置にあるかどうかを確認しましょう。

意識して気をつけていれば、早ければ1ヵ月ほどで舌の位置は改善していきます。

舌の位置と口呼吸の関係

最近、口呼吸の人が増えていますが、これも舌の位置と関係しています。口呼吸の主なデメリットは3つあります。

↓口まわりの筋力が衰え、フェイスラインの締まりのない顔になります。

↓つねに口が乾くため、口の中の細菌が増えやすく歯周病菌・むし歯菌ともに増えやすい環境になり、口臭の原因にもなります。

↓冷たく乾いたままの空気がダイレクトに肺に入るため、のどを痛めやすく風邪をひきやすくなります（鼻呼吸の場合、鼻から通った空気は繊毛や粘液により異物をろ過し、空気をあたためて肺へ運んでいます）。

大人の場合、子どもとは違って口がポカンと開いているような口呼吸の方は少ないかもしれません。次に口呼吸のチェックリストを挙げますので、当てはまる内容があるかどうか確認してみてください。

☑気がつくと口が開いている
☑口を閉じるとあごにウメボシのようなシワができる
☑食べるときにクチャクチャ音が出る
☑唇がいつも乾いている
☑朝起きたときにのどが痛い
☑睡眠中に口を開けていたり、イビキをかいたりしている
☑前歯の表面に茶渋がつきやすい
☑鼻がつまる
☑上を向いて寝るのが苦手
☑舌が上あごに触れていない

もし、3つ以上当てはまるという人は、口呼吸をしている可能性が高く、注意が必要です。

口呼吸を治すためには、正しい舌の位置をつねに意識することが大切です。鏡を見たとき、トイレに行ったとき、手を洗うときなど、舌の位置がどこにあるかを確認す

るようにしてください。正しい位置に舌を置く時間が長くなれば、口呼吸は自然と治っていきます。もちろん、鼻がつまっている方は、耳鼻科への受診が先です。

もし、舌の筋力がなく、舌を上あごにつけていられないという方は、次に紹介する舌のトレーニングで舌の筋力をつけていきましょう。

舌の筋力エクササイズ

ポッピング

このエクササイズでは、正しい舌の位置を意識しながら、舌の筋肉を鍛えることができます。それとともに唾液の分泌を促す効果もあります。

①口を少し開け、舌を上あごに吸いつける。
②吸いつけながら舌を後ろにずらす。
③ギリギリまで後ろにスライドさせる。
④ポン！といい音が出るように舌を離す。

舌の筋力をつける

ポッピング

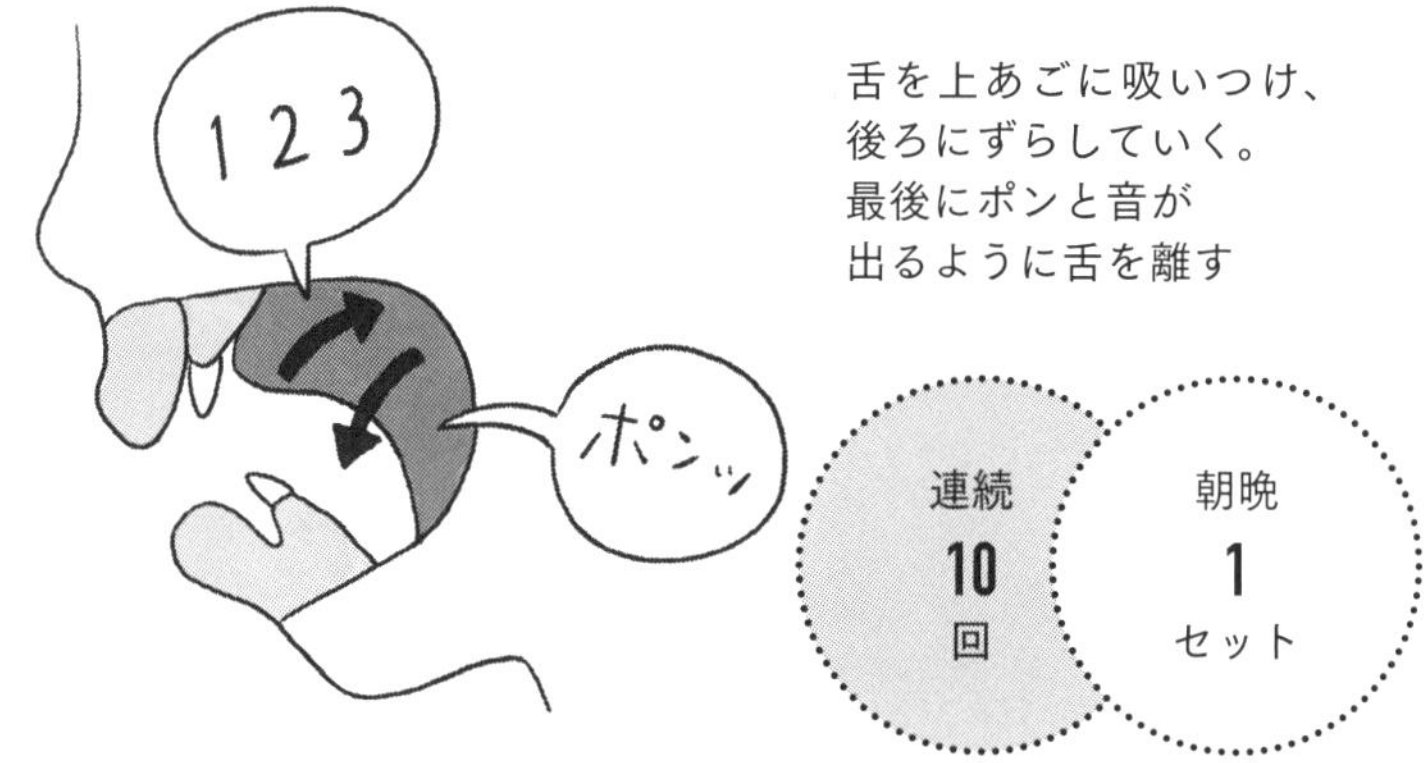
123
ポンッ
舌を上あごに吸いつけ、
後ろにずらしていく。
最後にポンと音が
出るように舌を離す
連続
10
回
朝晩
1
セット

①〜④までを4秒かけて「1・2・3・ポンッ！」と連続10回行います。

音にこだわる必要はありません。しっかり舌を上あごに吸いつけてずらすことを意識しながら行ってください。

朝晩1セット行いましょう。

口を閉じ気味に行うと舌の筋肉を鍛えられません。

できるだけ口を開け、舌をしっかり上あごに吸いつけることがポイントです。

舌ぐるぐるエクササイズ

次はポッピングより少し強度の高いエクササイズです。舌の筋肉は、あごの下についていますので、衰えると二重あご

フェイスラインを引き締め、二重あごを予防

舌ぐるぐるエクササイズ

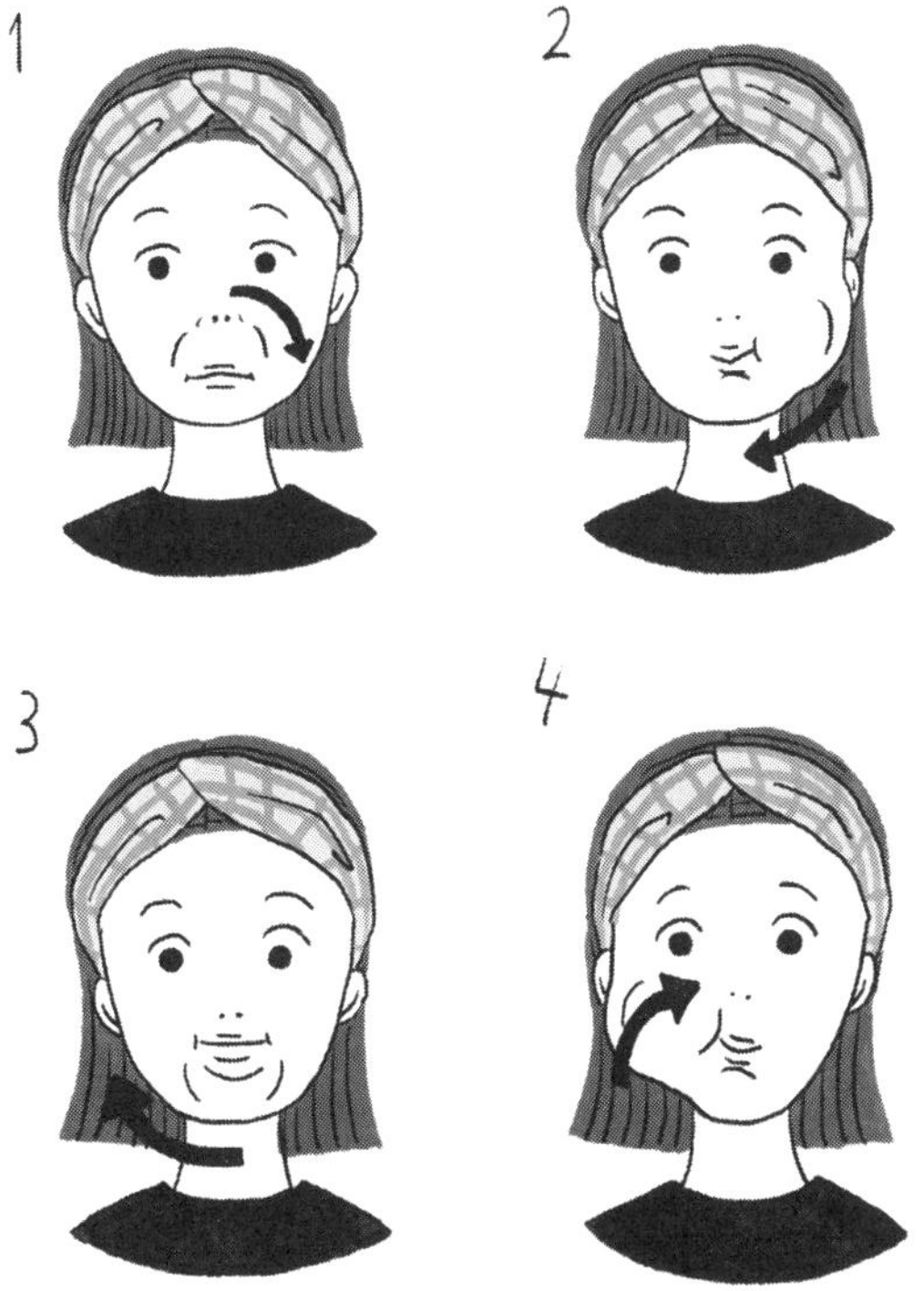

1 舌を上の歯ぐきと唇の間に入れて、ぐるりと一周まわす

2 一周したら反対にまわす

1周 **8～10** 秒

1日 **3～5** セット

ポイント 口はしっかり閉じる

の原因となります。この舌ぐるぐるエクササイズで舌の筋肉を鍛えることで、フェイスラインを引き締め、二重あごの予防を目指します。筋トレですので、ちょっと辛いなと思うくらいの回数を行うことで効いてきます。

また、舌は筋肉の固まりですので、機能的に衰えると「ゴックン」とのみ込みがうまくできなくなります。のみ込みがうまくできなくなると、食道に入るべき食べ物・飲み物が気道に入りやすくなり、誤嚥を起こすのです。このエクササイズでは舌の筋肉を鍛えると同時に、口を閉じる筋肉（口輪筋、35ページ参照）も一緒に鍛えていきます。

また唇の裏には、小唾液腺がたくさんありますので、先ほどの「ポッピング」と同様、唾液を促すエクササイズにもなります。

①舌を口の内側から皮膚をギューッと押すように、唇は舌に抵抗するように強く閉じます。
②舌を上の歯ぐきと唇の間に入れて、グルリと1周8秒〜10秒かけてまわします。
③1周したら反対にまわします。

舌は皮膚をグッと押し出すように力を入れ、唇は舌が出ないように力を入れます。1日3〜5セットを行いましょう。舌に付着している筋肉が一緒に鍛えられますので、行っているとあごの下・頬のまわり・首の後ろがジンジン痛くなるはずです。

1日に3セットやっても筋肉が辛くない場合は、力をうまく入れられていない可能性があります。なるべく舌を伸ばせるだけ伸ばして、皮膚を思い切り押しながら1周してみてください。

筋トレは回数だけこなしてもあまり意味がありません。いかに鍛えたい筋肉を意識しながら負荷をかけるかが重要です。

フェイスラインをスッキリさせたい方は、ゆっくりと丁寧に、最初のうちは1セットでもいいので思いっきり行いましょう。

ほうれい線グイ出しエクササイズ

舌ぐるぐるエクササイズが習慣化して、もっと強度を上げたいという方におすすめのエクササイズです。

舌のつけ根（あごの下）をよりピンポイントで鍛えるエクササイズです。

たるみスッキリ

ほうれい線グイ出しエクササイズ

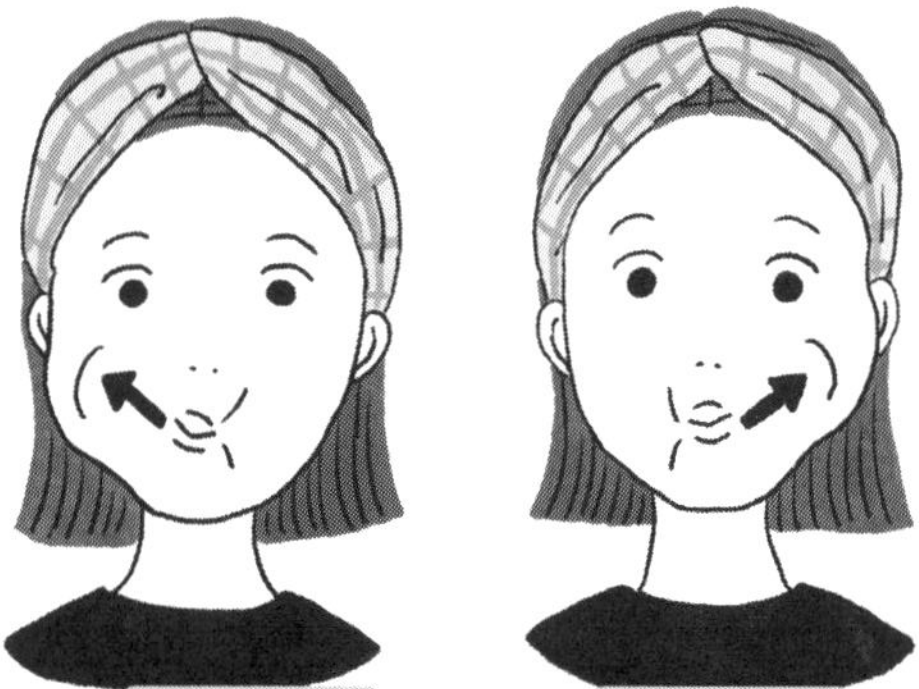

右側８秒　　左側８秒

舌で
ほうれい線を
内側から
斜め上に
押し上げる

朝晩
左右**2**
セット

ポイント
口はしっかり閉じる

①舌でほうれい線のあたりを、内側から斜め上に押し上げましょう。8秒間キープし口はしっかり閉じます。

②続けて反対側を同じように頬の斜め上（ほうれい線のあたり）を、内側から舌で押し上げます。8秒キープ。

左右2セットずつ1日2回（朝晩）行いましょう。

舌ぐるぐるエクササイズと同様、唇をしっかり閉じることがポイントです。辛くて呼吸を止めてしまうこともあるので、右側が終わったらしっかり呼吸をし、左側を行うなど、無理なく呼吸を止めないように行ってください。

◯話すとき、歌うときには、顔もしっかり動かすことを意識

色々なエクササイズを紹介してきましたが、自分に合うものから少しずつでも取り組んで習慣にするようにしてください。そして、何度も言いますが、基本は毎日の生活の中で実践できることをしっかりやるということです。

普段気をつけてほしいことを次にまとめておきます。

・姿勢をよくする
・口元の力を抜く
・口を閉じる
・食事のときはしっかり噛む

・喋るときや歌うときはしっかり口元を動かす

とくに話すときに、あまり口元を動かさずにボソボソ話す癖がある方は、その癖をまず見直しましょう。この章の最後に、大袈裟に言葉を出す「ハッキリ読みエクササイズ」を紹介します。

ハッキリ読みエクササイズ

とてもシンプルなエクササイズです。鏡の前で「アイウエオ」をハッキリ、オーバーにゆっくり発音していきます。

1文字3秒ずつゆっくりなるべく大きな声で声を出しながら行いましょう。

あまりに大袈裟にするとわざとらしいのですが、顔をしっかり動かすことを意識しながら普段の会話を行うようにすると、自然と顔を動かす癖がついてくるでしょう。表情が豊かになると、自然と雰囲気も明るくなって、あの人何だか素敵ね、と言われること間違いありません。

表情が豊かになる
ハッキリ読みエクササイズ

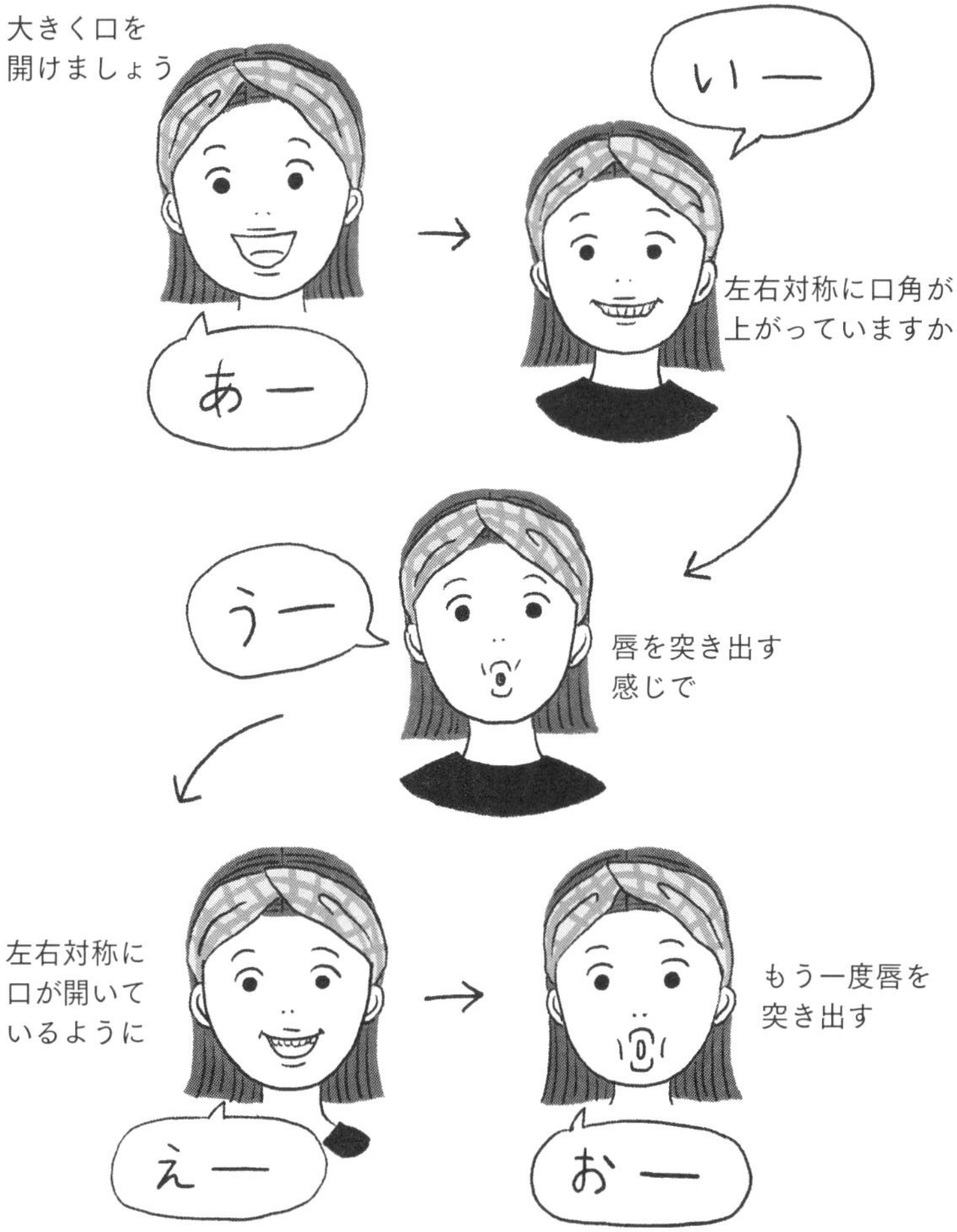
大きく口を
開けましょう
あー
いー
左右対称に口角が
上がっていますか
うー
唇を突き出す
感じで
左右対称に
口が開いて
いるように
えー
もう一度唇を
突き出す
おー

4章

笑顔エクササイズで より表情豊かに、 美しくなる

笑顔に自信が持てない理由

本書では日常生活の中で顔を動かすことの大切さを繰り返し述べてきました。この章では、「噛む」「話す」「歌う」ことに加えて、「笑う」ことをおすすめしたいと思います。

実は私の主催するセミナーやレッスンを受講してくれた方々の中に、「自分の笑顔に自信が持てない」とおっしゃる方が驚くほど多くいます。受講のそもそもの動機が、「笑顔に自信を持ちたいので、レッスンを受けたい！」という方もたくさんいました。

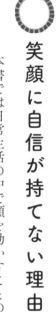

笑顔に自信が持てない理由を考えてみると、ひとつには、「正しい笑顔」というのを、これまでの人生で教わる機会がなかったからかもしれません。え？　笑顔に正しいも間違っているもあるの？　と驚かれるかもしれません。もちろん、その人の笑った顔が笑顔です。でも、どんな状態がきれいに見えるのか？　どんな笑顔を素敵だと人は感じるのか？　そして、一体自分はそうした笑顔ができているのか、判断できない、基準がわからないという方が案外多いのです。

ですから、本章では、あえて筋肉の動きやまわりからの見え方による基準を踏まえて「正しい笑顔」とし、みなさんの目標とすべき方向性を明確にしていきたいと思います。目標がはっきりしているほうが、上達も早くなるからです。

文字には、正しい文字の書き方、きれいな文字の基準というものがありますよね。同様に、笑顔をつくるときにも正しい動かし方があるのです。もしかすると、「笑顔をつくる」という表現は、つくり笑顔を連想させてしまいイメージがよくないかもしれません。しかし、美しい笑顔を手に入れるためには、文字の練習と同じように、正しい筋肉の動かし方や力の入れ具合を身につけ、何も考えずにできるようになるまで練習する必要があります。

今、みなさんは何も考えずにペンを持ち、文字を書くことができると思います。でも、文字を覚えたてのころ、すなわち小学1年生ぐらいのときはどうだったでしょうか？　きっと鉛筆の持ち方、力のかけ方、枠からはみ出さないように書くバランス、色々なことに時間をかけながら学んでいたはずです。

右利きの人が、左手で文字を上手に書けないのは、左手に書く機能がないわけではありません。左手を使う練習をしてこなかったので、筋肉の動かし方や力のかけ具合がわからず、ペンをしっかり持つことができない、文字をスムーズに書くことができないだけなのです。

笑顔も同じことです。自分の思い通りの表情にならないのは、どの筋肉にどの程度力を入れたらいいかをきちんと理解していないから、そして、それをできるまで練習していないからできないのです。

毎日鏡を見て、何度も練習し、自在に筋肉を動かすことができたら、考えずとも自然な笑顔ができるようになります。

最初は「笑顔をつくる」ことから学び、正しい動きを筋肉が覚えたら、楽しいときは考えずとも自分が思った通りに筋肉が動くようになります。

そのためには、繰り返しの練習と、鏡を見て自分の筋肉（笑顔）をしっかり確認する必要があります。

笑顔をつくると楽しい気分になる

笑顔をつくる表情筋と幸福感は、とても密接な関係があると言われています。

幸福な気持ちを感じながら笑っている人の脳をｆＭＲＩ（ＭＲＩ装置を用いて脳機

能を測定する方法）で見てみると、前頭前野の特定の部位に反応が見られます。

興味深いことに、普通の心理状態の人が同じように笑顔をつくったときの脳の様子をｆＭＲＩで見てみると、幸福感がある人と同じ脳の部位に反応が見られたのです。

また、ある研究の中で、箸を歯でくわえて口角を上げ、つくり笑いをすることで脳の中にどういう変化があるか調べる実験が行われました。実験によれば、つくり笑いをすることで、脳では意欲や快感の感情を司る「ドーパミン」の分泌が活発になり、抗うつ効果が得られたとも報告されています。

これは、たとえ幸福な感情が伴っていなくても、笑顔をつくるだけで幸福感を得たときや「楽しい！」と感じたときと同じ反応が脳に起こることを意味しています。

つまり、笑顔をつくることは、自分自身の心と体を「幸福感を得た状態」と同じようにしてくれるのです。

きれいな笑顔の形チェックリスト

きれいな笑顔を手に入れるためには、まずは現状を知ることが大切です。

今のあなたの笑顔は、次のA～Fの6つのタイプのうちどれに当てはまりますか？
鏡の前でいつものように笑ってみましょう。笑ったときの唇の形と、歯の見え方で当てはまるものを選んでみてください。

目指すはAのパーフェクトスマイルです。

きれいな笑顔には、5つのポイントがあります。

①口角が左右対称に斜め上に上がっている
②歯ぐきが見えすぎない
③上の歯だけが左右対称に見えている
④唇は三日月を横にしたような形になっている
⑤目尻が下がる

それぞれ説明していきましょう。

笑顔のタイプ

A

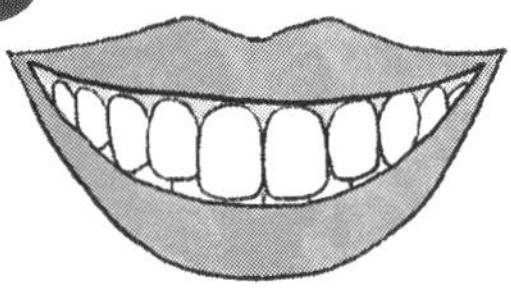

口角が斜め上にキュッと上がり、口が三日月型になっている

B

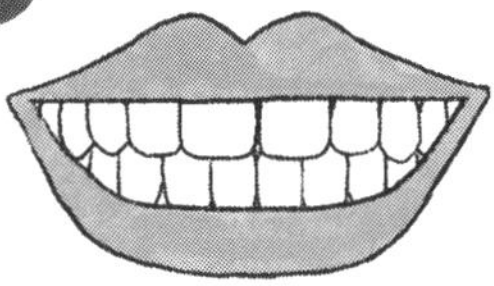

上唇が一直線で、口角が上がりきらない。下唇が四角になっている場合が多い

C

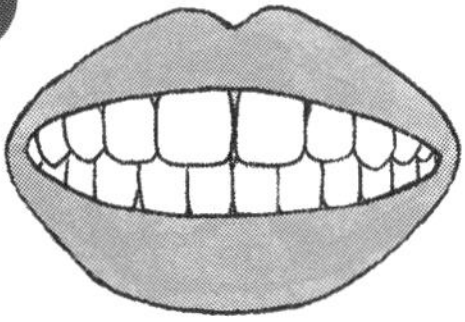

口角が上がらず、上唇と下唇が同じように開き、口の形が楕円形になっている

D

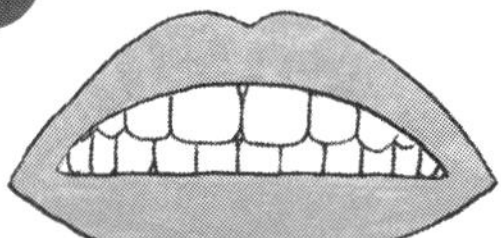

口角が下に下がり、口が台形やお椀を逆さまにした形をしている。への字口

E

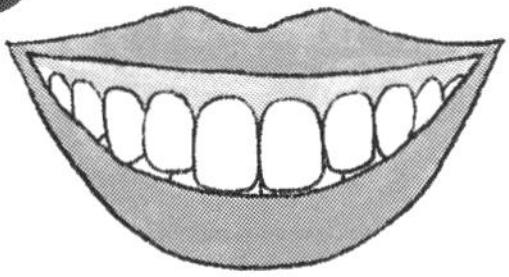

上唇の真ん中が上に上がり、上の歯ぐきがたくさん見える。ガミースマイル

F

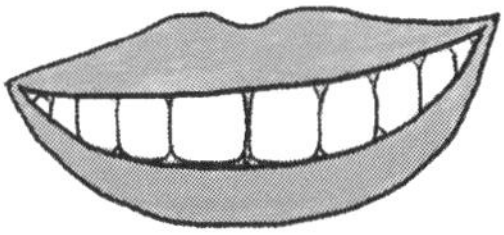

右側と左側の唇の形が違う。左右非対称

①口角が左右対称に斜め上に上がっている

口角は真横ではなく、斜め上に引き上げられている状態がもっともきれいな形に見えます。

②歯ぐきが見えすぎない

大笑いすると、歯ぐきは見えてしまうものですが、笑顔の場合は歯ぐきはほんの少し見えるくらいがきれいです。歯ぐきが見えることを極端に気にされる方がいますが、少し見えるくらいが自然で、素敵です。

③上の歯だけが左右対称に見えている

口角を斜め上に上げることで、下の歯は見えなくなるはずです。口角を上げて、上の歯だけが見えている状態に保ちましょう。

④唇は三日月を横にしたような形になっている

きれいに見える笑顔では、唇は三日月を90度横に倒したような形になっています。

上がるのは口角だけ、唇の真ん中は一緒に上がらない状態がきれいな笑顔をつくります。

⑤目尻が下がる

実は、目も大事。これは、文化によって考え方が異なります。欧米では、笑顔の指標は口元のみで、目はそれほど関係ありません。サングラス文化というのもあり、目元の表情はあまり重要視されず、口元がいかにきれいに見えるかが問われるのが欧米です。だから欧米では歯の矯正が当たり前なのです。

かたやアジアでは、目の表情も非常に大切です。「あの人、目が笑っていないよね？」など、友達同士で表情についての話題で盛り上がったことはありませんか？日本には「目は口ほどに物を言う」ということわざがあるように、目の表情が重視されてきました。あるとき写真の際などに笑ってしまうと目がなくなってしまうので、目を見開きたいという相談を受けたことがありますが、それではかえって不自然な笑顔になってしまいます。

笑うときに、目がなくなってしまうのは、顔の力を入れる部分が間違っている可能性があります（106ページで、笑顔の際の力の入れ方について解説しますので、参考にしてください）。

さて、話は戻って、どんな目元の状態がきれいな笑顔につながるかですが、自然な笑顔では、目尻が下がります。目元は、メンタルなことが大きく作用しますので、写真撮影の際などは、カメラの向こうに自分の推しがいる、あるいは大好きなペットを思い浮かべる等々工夫をしてみるといいかもしれません。自然と笑みがこぼれてくると思います。

以上、笑顔の5つのポイントを押さえることができれば、あなたも笑顔美人に近づくこと間違いありません。

エクササイズをする前に

ところで、毎日の生活に追われ忙しくしていると、ついつい無表情になってしまうことや笑顔が少なくなっていることはありませんか？　またスマホなどを見ていると

口角が下がっているだけで、不機嫌そうな印象に

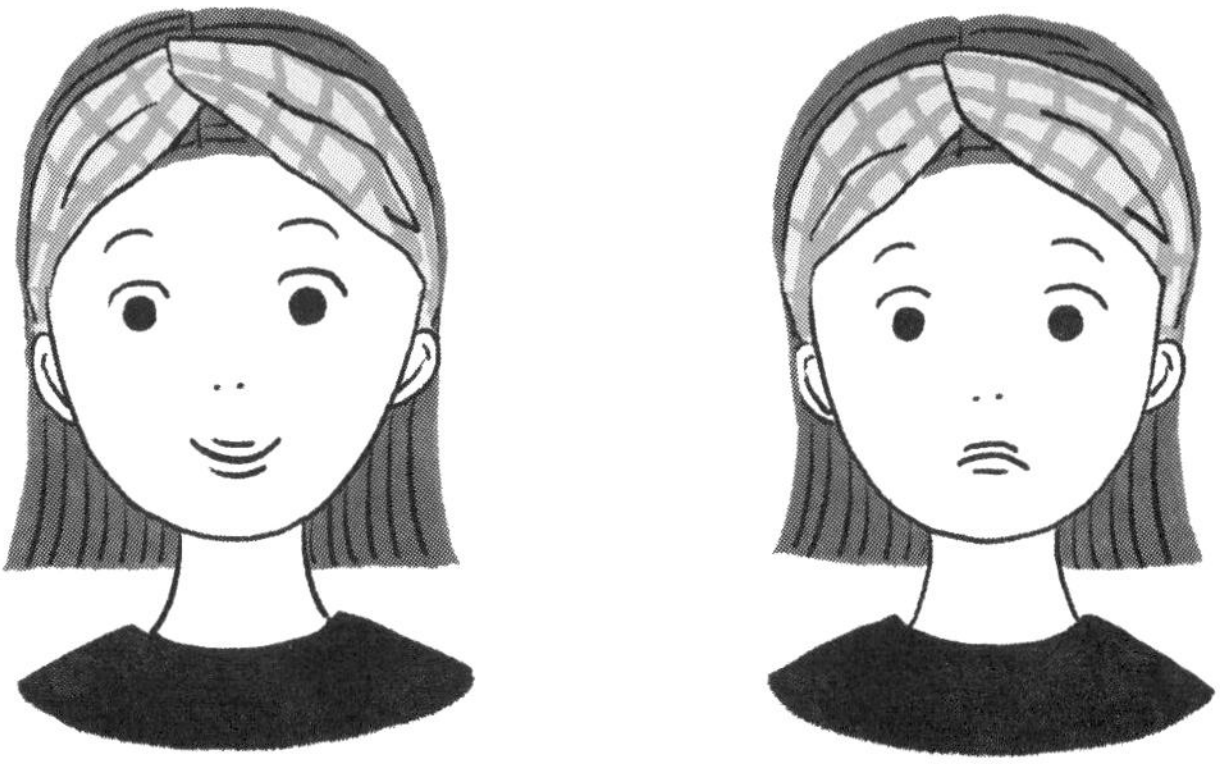

きの顔を一度鏡で見てみるといいかもしれません。想像以上に無表情で、眉間にはシワが寄り、口元の筋肉もゆるんでいるはずです。

また、機嫌が悪いわけではないのに、「怒っている？」などまわりから気を遣われたことはありませんか？　まわりへの印象が悪くなるのは、「口角の下がり」が原因かもしれません。

口角は下がっているだけで、相手に不機嫌そうな印象を与えてしまいます。きれいな笑顔をつくるポイントの①にあるように「口角の上がり方」はとても重要です。きれいな笑顔を目指す方だけでは

なく、普段の印象をよくしたい方も意識してみるとよいでしょう。

では、笑顔づくりのためのエクササイズの前に口角を正しく上げる練習からしておきましょう。いわば「笑顔の形」をつくる練習です。

笑顔の形を練習しましょう

POINT
力を入れる場所はここ
口角が耳から
引っ張られるイメージ、
下唇を下に
引っ張らないように

口角を上げる際に、口角に力を入れようとする方が多いのですが、それは間違いです。

口角の斜め上、頬骨のあたりに力を入れて口角を引き上げましょう。

口角は、耳の穴から糸で引っ張られるイメージで力を入れるとよいでしょう。

頬骨全体に力を入れると、目元まで筋肉が盛り上がってしまうため、目が不自然に細くなりますので、口角の斜め上の筋肉のみピンポイントで力を入れましょう。目尻が下がってきれいな笑顔になるでしょう。

わかりにくい方は、指で力を入れる場所を押さえながら行いましょう。

先ほど挙げた笑顔の5つのポイントを確認しながら鏡で確認してみてくださいね。そして、鏡を見なくても正しい口角の上げ方ができるように何度も行い、体に覚え込ませましょう。

自分で意識した部分に自在に力を入れて表情がつくれることが重要です。

筋肉が鍛えられてくると、意識しなくても自然と口角を上げられるようになるでしょう。

笑顔のときに力を入れるポイントを押さえたら、エクササイズを行っていきましょう。

笑顔づくりのためのエクササイズ

しつこいようですが、きれいな笑顔の基本は何といっても口角。口角を上げるときに力を入れる場所を意識することで、より口角をきれいにアップさせるエクササイズから紹介します。

リフトアップエクササイズ

①「イ」の口で、頬骨のまわりに力が入っていることを意識しながら、4秒間口角を上げる。

②同様に「ウ」の口の形をつくって4秒。その際、唇を裏返すくらい前に出しましょう。

③最後に再び「イ」の口をつくり4秒。鏡で確認し、できていたら脱力。

1セットやったら、一度普通の顔（普通の状態）に戻りましょう。

1日1回3〜5セットを目標に　必ず鏡を見ながら行いましょう。

口角を上げて、口まわりを鍛える

リフトアップエクササイズ

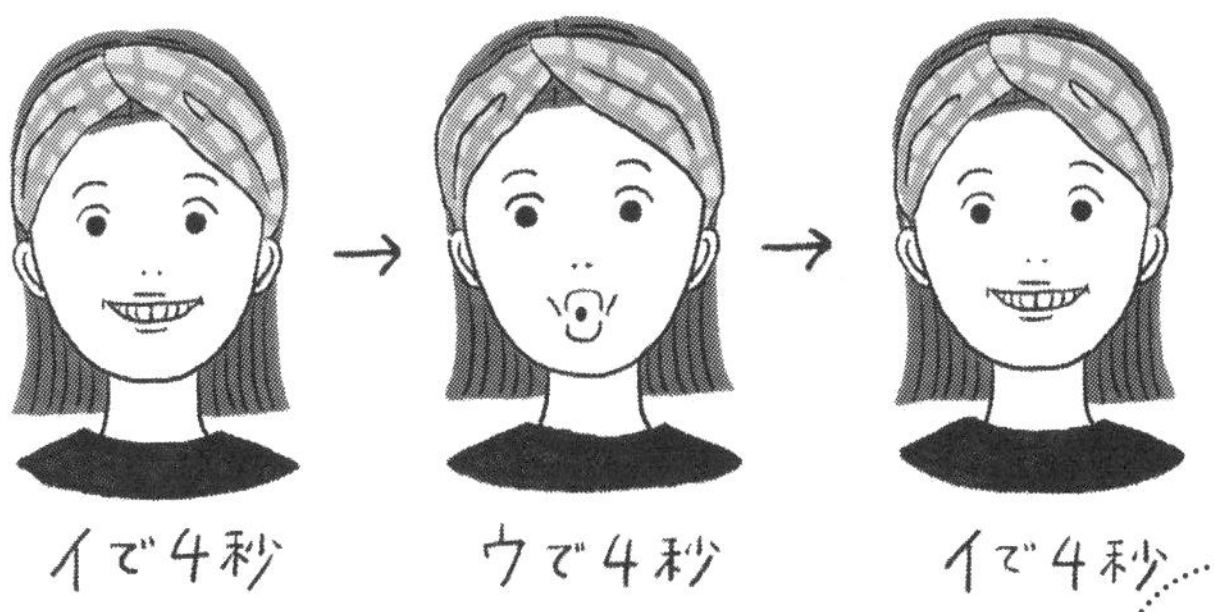

1日 3～5 セット

口角は左右対称に上げる

ポイント ゆっくり動かす

空気プクプクエクササイズ

笑顔のときの口元のポイントのひとつが、左右対称に歯が見えることでした。顔の筋肉も左右対称でないと歯も左右対称には見えません。このエクササイズは、顔の部分的な筋肉を鍛えて左右対称の顔を目指したい人や、やわらかい表情になりたい人にとくにおすすめです。口の中に空気を部分的に入れて、鍛えていきます。

①右頬だけに空気を入れて4秒。空気で皮膚を押すくらい、ぐっと思いっきり空気を入れます。空気で頬がは

ち切れてしまうのでは？というくらい力を入れてください。唇の力が弱いと「プッ」と空気がもれてしまいますので、もれないように唇にも力を入れます。

②左頬も同じように行います。

③上唇側だけに空気を4秒入れます。鼻の穴を大きくふくらませる感じで行います。ウォーミングアップの「縮んでふくらむエクササイズ」の動作とは違いますので、鏡で確認してください。ほうれい線が消えるくらいふくらんでいればOKです。

④最後に下唇側だけ空気を入れて4秒。あごのところには空気が入るスペースが少ないので入れにくいかもしれません。

①〜④まで、右・左・上・下の順番で4秒間グーッと伸ばしながら、朝晩3セット行います。空気をプクプクする際に、あごが動かないように気をつけてください。噛むようにあごを動かして空気を送り込むのではなく、顔の筋肉だけで空気を移動させてください。難しい方は、入浴タイムにお水を口に含んで練習すると、どこに力を入れればよいかわかりやすいでしょう。

どの部分も同じようにできれば、表情筋を部分的に動かせるようになっていきます。

やわらかい表情をつくる

空気プクプクエクササイズ

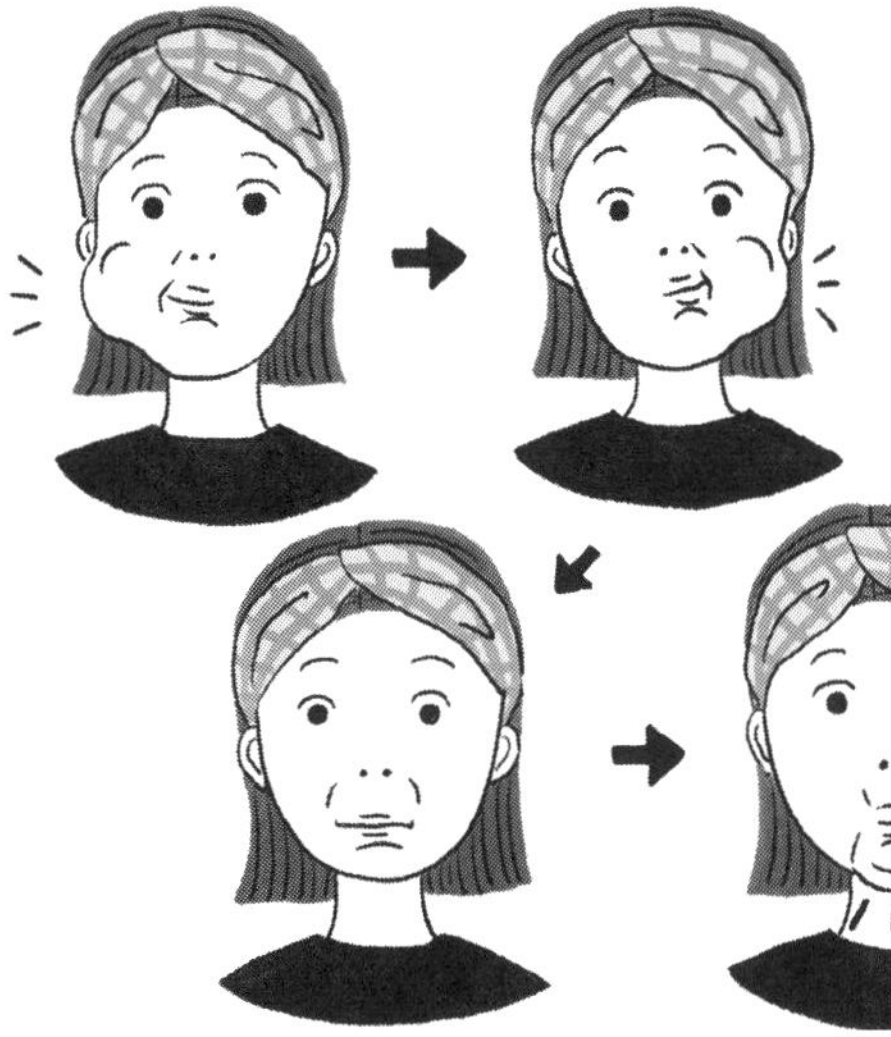

朝晩
3
セット

1 右頬に空気を入れて４秒
2 左頬に空気を入れて４秒
3 上唇側に空気を入れて４秒
4 下唇側に空気を入れて４秒

ポイント 頬がはち切れてしまうのでは？というくらい力を入れます

スムーズにできるようになったら レベルアップ

４秒伸ばしていたのを、１秒ずつ、
プクプクと力を入れたり抜いたり小刻みに行います

1 右頬に空気を入れてプクプク
2 左頬に空気を入れてプクプク
3 上唇側に空気を入れてプクプク
4 下唇側に空気を入れてプクプク

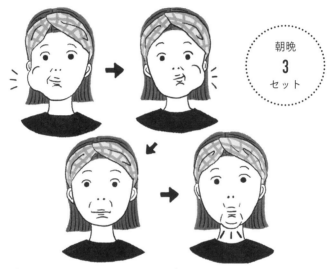

頬をふくらませたとき、ふくらみ方などに左右差がないかも確認し、左右で同じようにできるように練習しましょう。くれぐれもエクササイズに夢中になって、呼吸することを忘れないようにしてください。鼻で上手に呼吸を行いましょう。

スムーズにできるようになったら、今度は4秒伸ばしていたのを1秒ずつ、プクプクと力を入れたり抜いたり繰り返しましょう。1回ずつ思いっきり力を入れて行ってください。

ウィンクエクササイズ

やわらかい表情は、余裕や優雅さが感じられ、印象力を高めます。頬まわりの筋肉をやわらかくすることで、表情もやわらかくなります。また、頬まわりを鍛えることで、口角をより上げやすくなります。

このエクササイズは、顔の片側ずつ動かすこと・目と口を近づけることで頬まわりをやわらかくし、口角を上げていきます。

少し難しいエクササイズなので、まずは口と目を別々に練習してください。

頬まわりを鍛える

ウィンクエクササイズ

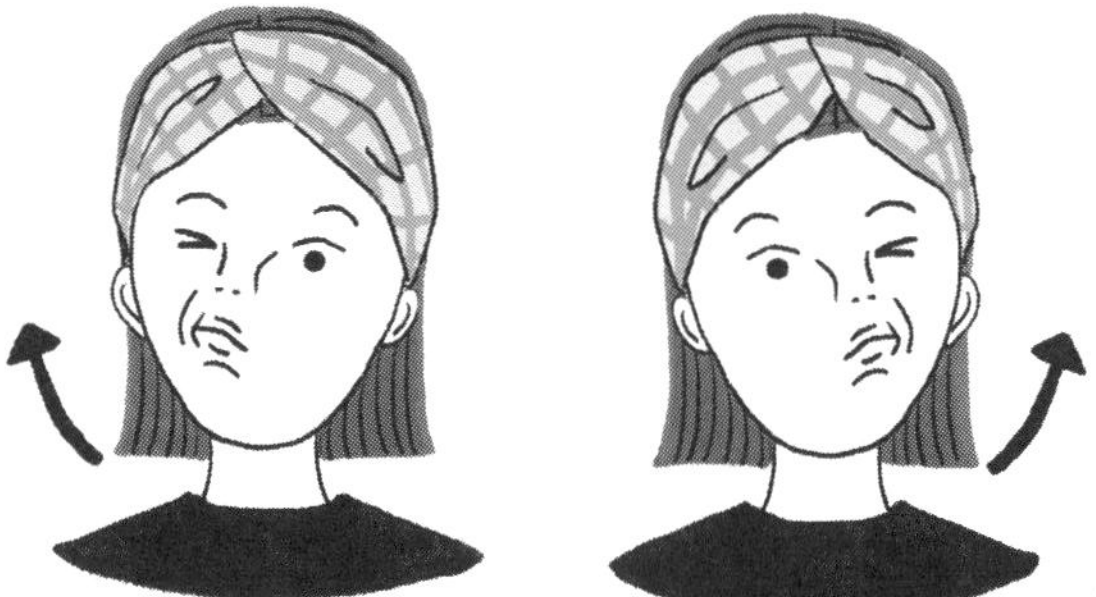

まずは目と口を別々に。
慣れてきたら目と口を一緒に行いましょう

1日
3〜5
セット

目だけ

① ゆっくり4秒かけて右目を閉じる。
② そのまま4秒キープ。
③ ゆっくり4秒かけて目を開く。
④ 左目も同様に行う。

口だけ

① 口を右側にすべて寄せる。左の口の端が真ん中より右に寄るくらい思いっきり寄せる。
② そのまま4秒キープ。
③ ゆっくり戻す。
④ 左側も同様に行う。

簡単にできるようになったら、口と目を一緒に行いましょう。

①ゆっくり4秒かけて右目を閉じる。口は右側に寄せる。目と口がくっつくくらいのイメージで思いっきり行う。

②そのまま4秒キープ。

③ゆっくり4秒かけて元の状態へ戻す。

④左側も同様に行う。

1日1回3〜5セットを目安に行いましょう。

息を止めないように、鼻で呼吸をしながら行いましょう。また集中して顔ごと傾かないように。また右目を行っているときは、左目はしっかり開くよう意識しましょう。

イースマイルエクササイズ

口角と一緒に上唇が上がってしまい、歯ぐきが見えすぎてしまう「ガミースマイル」の方におすすめのエクササイズです。上唇の伸びをよくすることで、唇全体が上に上がるのを防ぎ、口角だけが上がるようになります。

笑ったときに歯ぐきが出すぎない
イースマイルエクササイズ

上唇で上の歯を
巻き込むようにして
10秒キープ

1日
3
セット

ポイント 鏡を見て、口角が上がっているか確認しましょう

なお、歯並びにより唇が閉じにくい人は、このエクササイズでは解消しませんので、ご注意ください。

① 上唇で上の歯を巻き込むようにして、口角を上げる。力を入れる場所は頬骨の部分です。このとき首の筋肉にも力を入れましょう。

② 鏡を見て、しっかり唇を歯に巻き込んでいるか確認しながら10秒キープ。

1日3セット行いましょう。

2種類の「イ」エクササイズ

笑顔で口角を上げて
「イ」

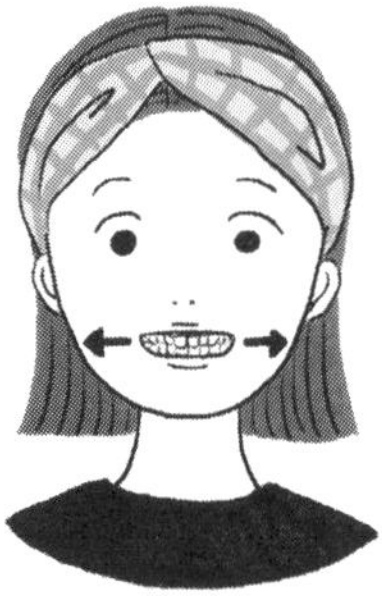

子どものように口を横に広げて
「イー」

1日
3〜5
セット

2種類の「イ」エクササイズ

笑顔のときに口角を上げてつくる「イ」と、子どもが「イー」と口を横に引っ張るような2種類の「イ」を練習しましょう。

やわらかな笑顔（表情）をつくるためには、自在に筋肉を動かすことが重要です。このエクササイズは自分の意識した通りに顔の筋肉を動かす練習になります。

①鏡を見て、笑顔のときの「イ」の形をつくってみましょう。口角の斜め上の頬骨のあたりに力を入れ、上の歯だけを見せ、両方の口角が

同じように上がっているか確認します。8秒キープ。

②次に、子どもが「イー」と口を横に引っ張るように、上下の歯をなるべくたくさん見せるように唇を横に引っ張るように口を広げてみましょう。力を入れるところは、頬の真ん中あたりです。8秒キープします。

1日1回3～5セットを目安に行いましょう。

鏡を見なくても、自分の顔を自在に動かすことができるようになることが目的です。

きれいな表情の見せ方

笑顔の際に目が細くなってしまうのは、多くは力の入れる場所がズレていることから起こります。頬骨全体と目の下に力を入れているのが原因です。

笑顔をつくるときは、口角の延長線上の頬に力を入れ、耳の穴から口角を引っ張り上げるようなイメージで力を入れましょう。

笑顔を長時間キープするためには、舌の位置がポイントになります。舌を正しい位

笑顔のときに力を入れる場所

口角の延長線上の頬に力を入れる

頬骨全体に力を入れない

置にしっかりおきましょう（69ページ参照）。

写真撮影などで笑顔を長時間キープする必要があるときは、口角を上げるために頬骨に力を入れるよりも、舌を上あごにしっかりつけておくほうが口角をキープし続けることができます。持久力に少し自信がない方は、舌の位置を意識してみるといいでしょう。

まとめ

顔の筋肉は、体の筋肉に比べ薄くて細い筋肉が多いため、短期間では効果が出にくいものです。ですから毎日少しの時間でもよいので、長期間エクササイズを実施することが大切です。少し実施して、変化がないからといってすぐ諦めず、まずは1ヵ月続けてみてください。

5章

「老け感」が気になる部分別、鍛え方

頬のたるみ、ほうれい線やマリオネットラインが気になる

言うまでもなく、一番の予防策は日々の食事の際の咀嚼です。

普段の食事時間が短い人は、1日の終わりにガムを使った「噛み噛みエクササイズ」(66ページ)を行うなどして、咀嚼筋に適度な負荷をかけてください。エクササイズでは、大袈裟に大きく口を動かし、しっかり顔の筋肉が動いていることを意識することが重要です。

目元、目のまわりのたるみが気になる

日本人はコミュニケーションを取る際に、顔をあまり動かさない人が多く、自ずと目を大きく見開くなど目のまわりの筋肉を単体で動かす機会が少なくなりがちです。

目元を鍛えるには、62ページで紹介した「縮んでふくらむエクササイズ」が最適で

ビックリ目エクササイズ

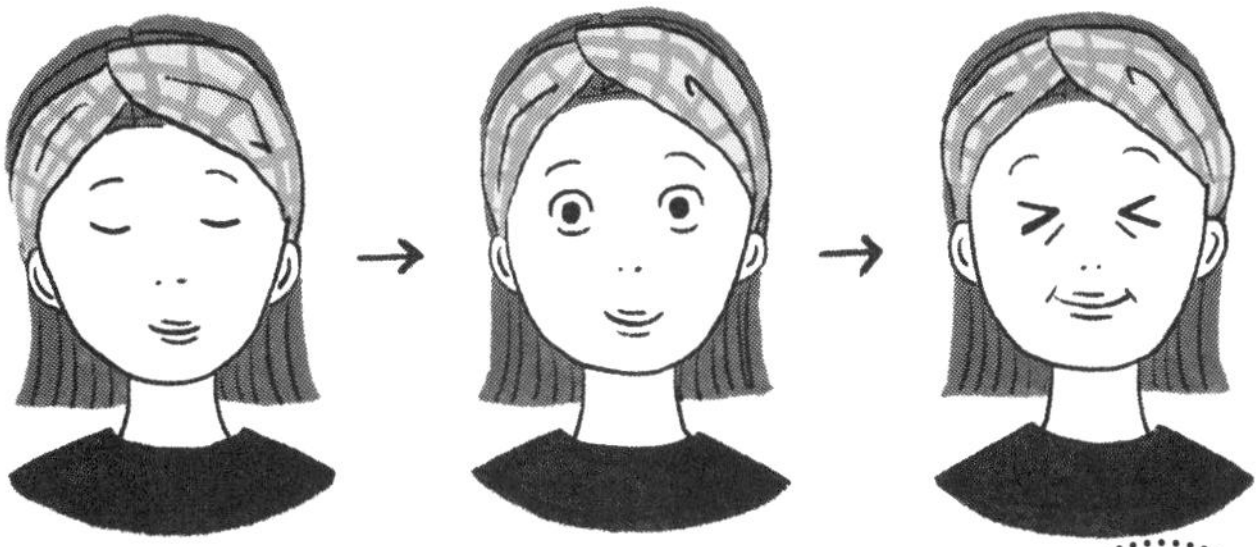

1 目を軽く閉じる
2 ゆっくり目を開ける
3 思いっきり目を見開く
4 3秒キープ
5 ギュッと目をつぶる

1日 3セット

す。目を見開く際にはおでこの筋肉を動かさないように気をつけて行いましょう。

とくに目元のたるみが気になるという方は、以下に紹介する、目だけ見開き、上まぶたをしっかり動かす「ビックリ目エクササイズ」を行いましょう。

ビックリ目エクササイズ

① 目を軽く閉じます。

② 3秒かけてゆっくり目を開けていきます。スローモーションのようにゆっくりと筋肉が動くことを確認しながら行うのがポイントです。

③ しっかり目を開けたら、そこから思いっきり目を見開きます。このとき、

眉毛は動かさず、上まぶただけが動いていることを鏡で確認しましょう。

④しっかり目を見開いたら、3秒キープ。

⑤ギュッと目を強くつぶります。

1日3セット行いましょう。

二重あご、フェイスラインのもたつき、首のシワが気になる

舌の筋肉がポイントです。3章で紹介した「舌ぐるぐるエクササイズ」（74ページ）など舌を鍛えるトレーニングを積極的に行いましょう。

より一層負荷をかけたい方は、同じく3章で紹介した「ほうれい線グイ出しエクササイズ」（77ページ）を応用した次のエクササイズがおすすめです。

首を伸ばしてほうれい線グイ出しエクササイズ

首を伸ばして ほうれい線グイ出しエクササイズ

首を伸ばして、
舌を斜め上、ほうれい線を
内側からグイッと押す。
反対側も同様に

①顔を少し上に（10〜15度程度）上げます。首を長く伸ばす感じで姿勢をよくします。手を胸の前で交差させて、肩に手を置くと姿勢が安定します。

②舌を斜め上、ほうれい線を内側から押し出し、舌が一番遠くに行くようグイッと押す。8秒キープ。

③反対側も同じように思いっきり舌で、内側から頬を押し出し、8秒キープ。

顔を斜め上に上げながら行うことで、首の筋肉も伸ばされます。そのため、首のシワ改善のエクササイズにもなります。

口角の下がりが気になる

96ページで紹介した「リフトアップエクササイズ」を行いましょう。

基本は毎日の食事でしっかりと噛むことですが、口角を上げるためには意識的に上げる練習をする必要があります。

毎日鏡の前で、口角を上げるときに力を入れる正しい場所を確認し、繰り返し練習しましょう。

顔のこわばり（表情のこわばり）が気になる

97ページで紹介した「空気プクプクエクササイズ」を行いましょう。

余裕がある場合は、100ページの「ウィンクエクササイズ」も一緒に行うと、より一層頬まわりがやわらかくなります。

また、普段の生活の中では、ブクブクうがいをするときに大袈裟に行い、なるべく顔の筋肉をゆるめることを意識しましょう。

6章

日々の積み重ねが、未来のあなたの顔をつくる

継続すること・鏡を見る必要性

生活の中でしっかりと顔の筋肉を動かすことができていたら、あえてエクササイズする必要はありません。でも、もし、早くきれいになりたい、すぐに顔の老け感を何とかしたいと思っている方は、本書で紹介してきたエクササイズを生活の中で習慣にするようにしてください。

筋トレは、どこの筋肉にどう力を入れているのか、しっかりと意識することが大切です。

エクササイズをするときは、鏡を見ながら、自分は今どこの筋肉を意識して力を入れているかなど、確かめながら行いましょう。

何か目標を持って鍛える場合は、継続して毎日少しずつ鏡を見て正しく動かしていきましょう。

そして、もうひとつ忘れてはいけないことは、自分で自分の変化に気がつくことです。

やみくもに継続するのではなく、先週と今週とでは、自分の顔にどのような変化があったかなど、振り返ってみるのです。顔の筋肉は細かい筋繊維のため、即効性はなく、短期間ではあまり変化は見られないかもしれません。それでも、先週より口角が上げやすくなった。動きがスムーズになったなど、ちょっとした変化があるはずです。

あるいは、月1回定期的に同じ角度で写真を撮って、客観的に見るのもいいでしょう。1ヵ月前、3ヵ月前の写真と比べてフェイスラインがスッキリしてきた、左右対称に口角が上がるようになってきた、ほうれい線の入り方が左右均等になった。など、過去の自分との違いを見つけてみましょう。

写真で比較して、「以前より目の大きさが変わった！」という喜びの報告をくださる方もたくさんいます。しっかり噛むことで、側頭筋が動き目のまわりも動き、目のまわりが引き締まってきたためです。

自分の小さな変化に目を向け、変化に気づくことも、続けるためのモチベーションになります。ぜひ積極的に振り返ってみてください。

顔だけにとらわれず全身を考えること

美しさは、全身のバランスやその人の生活から醸し出されるものです。顔だけにとらわれて、楽しい生活が送れなくなるのは本末転倒。

老けずに美しくいるためには、全身の運動や食事のバランス・生活習慣など全体を見直すことが大切ではないでしょうか。

顔のエクササイズを毎日頑張っているけど、お昼の食事は流し込むだけ……など矛盾した生活をしないよう、なるべく生活の中で筋肉を使う要素を取り入れていくことが継続への第一歩です。

また、続けてこそ意味があるので、頑張りが無駄にならないように、どうしたら自分は続けられるのか？　続けるためには、いつどんなタイミングでやったらいいのか？　等々、考えながらやってみるといいでしょう。

◯大人になってからの歯の矯正もアリ

顔まわりがスッキリし、笑顔に自信が出てくると、鏡を見るのが楽しくなってきます。

そうすると次は、笑顔のときに口元から見える歯が気になってくるかもしれません。

歯も年齢とともに変化し、若いときに比べて色が黄色っぽくなっていきます。加齢による歯の黄ばみ対策としては、定期的にホワイトニングを行うことで、白さを保つことができます。

歳をとることは止められません。どんなにお手入れしても、肌のくすみなど加齢による変化は起きます。20代とまったく一緒というわけにはいかず、どうしたってハリ・色・ツヤなどが変化してしまいますよね。

歯も同じで、20代と60代とでは、正しいケアや定期健診で歯や歯肉の健康は保つことができたとしても、色の変化には抗《あらが》えません。

今は美容院やエステサロンなど、気軽に歯のホワイトニングができる場所が増えていますが、歯の漂白効果が学術的に認められているのは過酸化物からなるホワイトニング剤で、歯科医師・歯科衛生士の資格を持たない人が行うのは違法です。安全のためにも歯科医院以外でのホワイトニングはおすすめしません。気になる方はかかりつけの歯科医院で相談してみましょう。歯の色が白くなるだけで、歯を見せて笑うのがうれしくなるものです。

また、歯並びにコンプレックスを持っている方も、年齢を理由に諦めないでください。成長期に歯の矯正を行うのが一般的ですが、今では大人の矯正を行う方も増えています。

症例にもよるので、一概には言えませんが、私の患者さんでは50代で治療を始める方もけっして少なくはありません。

口元の見え方が違うだけで印象も大きく変わります。歯並びが気になる方は、それが解消されると自信にもつながります。ぜひ一度矯正歯科に相談しに行ってみるといいでしょう。

本書の最後に

美容に関する情報はネットなどにたくさん溢れています。

中には怪しいものも含まれます。

あれもこれもとむやみに手を出すのではなく、根拠に基づいたものを実践するようにしてほしいと思います。

顔のエクササイズも同じです。やみくもに顔を動かしたり、過度にエクササイズしたりすることで、かえって顔のシワをつくることにつながることがあります。

顔の老化のメカニズムをきちんと知った上で、自分の生活スタイルの中でできることからうまく取り入れていくのがよいと思います。

よく「いつまで続けたらいいのですか？」という質問をもらいますが、生きている間、加齢はみな平等にやってきます。

ただ、加齢と老化は別です。老化現象は、もちろん誰にでもやってきますが、生活習慣などにより老化のスピードは人によって異なります。誰だってそのスピードを、なるべく遅くしたいですよね。老化のスピードを遅くするためには、継続してエクササイズを行う必要があります。本書の最初でもお伝えしたように、わざわざやるのではなく、生活の中で自然とエクササイズを行うように仕向けていければ、苦しむことなく継続することができます。

自分らしい美しさを保つためには、どうしたらいいのか。今一度じっくり考えてみるといいのではないかと思います。

みなさんが自分で考える美しさを手に入れ、自信を持って笑顔でいられることが私の願いです。

本書は書き下ろしです

著者略歴――――
内田佳代　うちだ・かよ
歯科衛生士・表情筋トレーナー・日本抗加齢医学会認定抗加齢指導士。東京医科歯科大学歯学部附属歯科衛生士学校卒。早稲田大学大学院創造理工学研究科修了。経営工学修士。専門は口の中と外からのマッサージ法。
歯周病専門医にて研修を受けた後、一般歯科・審美歯科勤務。フリーランスとして活動を始め、以後保健所、都立病院、一般歯科など複数のクリニックと契約。現在は予防・審美歯科を中心に都内のクリニックにて活動中。「噛むこと」を意識させる、歯科衛生士ならではの表情筋エクササイズ、口元からの美を提案し、全国各地で講演・セミナー開催。ミスユニバース地方大会セミナー担当。『ガム小顔ダイエット』（ぶんか社）監修。表情筋エクササイズ DVD「笑顔づくり編」「スッキリ小顔編」も好評。
ホームページ：https://www.eternal-smile.jp

顔の老化は咀嚼《そしゃく》で止められる

2023年2月23日　第1刷発行

著　者　内田佳代
デザイン　相原真理子
イラスト　木波本陽子
発行者　藤田　博
発行所　株式会社 草思社
〒160-0022　東京都新宿区新宿1-10-1
電話　営業 03(4580)7676　編集 03(4580)7680

本文組版　横川浩之
印刷所　中央精版印刷株式会社
製本所　中央精版印刷株式会社

ISBN978-4-7942-2641-9　Printed in Japan　検印省略

草思社刊

心をラクにすると目の不調が消えていく

若倉雅登 著

まぶしい、ぼやける、急激な視力低下…。急増する原因不明の目の不具合、その裏に潜む心の異変。心療眼科・神経眼科の第一人者が不調の原因を根本から解きほぐす。

本体 1,500円

真説 老子

世界最古の処世・謀略の書

高橋健太郎 著

『孫子』『韓非子』など後の中国思想に決定的影響を与えた『老子』には本当は何が書かれているのか。日本人だけが知らない、伝統的な読み解き方を伝授する。

本体 1,600円

子どもの英語教育はあせらなくて大丈夫！

12ヵ国語を操る世界的数学者が、今伝えたい、子育てで本当に優先すべきこと

ピーター・フランクル 著

具体的な勉強は小学校低学年までやらなくていい！ 人気数学者が、早期教育よりもっと大切な「生きる根本の力」を育む方法を伝授。子どもの勉強や習い事に悩む人必読。

本体 1,400円

自分がおじいさんになるということ

勢古浩爾 著

74歳、いよいよ老後も佳境に突入。押しも押されもせぬ老人になった著者が、思いのほか愉しい「老いのリアルな日々」をつぶさに綴る。読めば老後が待ち遠しくなる。

本体 1,400円

＊定価は本体価格に消費税を加えた金額になります。

草思社刊

【文庫】
東大教授が教える独学勉強法

柳川範之 著

テーマ設定から資料収集、本の読み方、情報の整理・分析、成果のアウトプットまで。高校へ行かず通信制大学から東大教授になった体験に基づく、今本当に必要な学び方。

本体 650円

【文庫】
自分の「異常性」に気づかない人たち
病識と否認の心理

西多昌規 著

悪意なく人を傷つけ、罪悪感が一切ない！　彼らはなぜ自分の異常さに気づけないのか？　精神科医が〝病識無き人たち〟の隠された心の病理と対処法を明らかにする。

本体 750円

【文庫】
手の治癒力

山口創 著

疲労、不安、抑うつ、PTSD…現代人のあらゆる心身の不調は「手」で癒せる。心身を癒し、他者との絆を深める「マッサージ」や「スキンシップ」の驚くべき効能が明らかに。

本体 680円

【文庫】
人は皮膚から癒される

山口創 著

触れられるだけで病気や対人ストレスが劇的に改善！　気鋭の身体心理学者が、介護や医療の現場でも注目される、スキンシップによる知られざる癒しの効果に迫る。

本体 700円

＊定価は本体価格に消費税を加えた金額になります。